스트라익 일본어

일본어 기초 담아내기!

BASIC-1

안녕하세요. 단기과정을 총지휘하고 있는 일본어 공부기술연구소(NIHONGO Study Tech Institute)입니다. 땀 흘려 일본어의 산을 넘는 당신의 모습이 눈에 선합니다. 굽이굽이 기다리는 험난한 과정…, 정상은 아직 아득합니다. 하지만 여기서 주저앉아 버리면 안 됩니다. 교육은 결코 재미있다고는 할 수 없습니다.

그러나 본 프로그램은 흥미와 재미를 느끼면서 의욕을 가지고
공부할 수 있도록 짜여있으며, 지금까지 시작하려다가 실패하고,
다시 하려다가 또 실패한 학습자도 반드시 성공 할 수 있는 프로그램입니다.

현장 습득 학습 훈련법을 병행해야 합니다.

학습자가 말하는 것을 네이티브 일본인이 무슨 말인지 알아듣고, 네이티브 일본인이 답하는 것을 학습자가 알아들을 수 있는 현장 습득 훈련법을 주된 목적으로 하고 있습니다.
본 프로그램을 마스터하면 문자 쓰기, 간단한 메일보내기 등 의사소통이 가능해집니다.

선행학습을 해야 합니다.

본 프로그램에는 CD-ROM 과 일본어전문 명강사의 동영상 강의가 들어있습니다.
학습하기 전에 딱 5 분만 그날 학습 할 내용을 미리 살펴보시면
책 내용을 더 잘 이해할 수 있습니다.
다시 말해 동영상 강의와 CD-ROM 으로 선행 학습 훈련을 할 수 있는
획기적인 학습 프로그램입니다.

초스피드하게 일본어를 마스터합니다.

2 개월만 집중적으로 학습하면 빠르고 확실하게
일본어를 제대로 마스터 할 수 있습니다.
2 개월 후면 일본어로 말하고 있는 당신의 모습을 보게 될 겁니다.

이런 작은 것들이 모여 당신의 일본어를 성공으로 이끕니다.

정상 정복의 그날을 위해 지금도 이마의 땀을 훔치는 당신께
존경의 박수를 보냅니다.

일본어 공부기술연구소 드림

본 교재의 학습목표

· 초급 일본어의 문법과 문형, 어휘를 개괄적으로 파악한다.
· 실생활에 자주 사용되는 기본적인 문형과 단어를 배운다.

본 교재의 구성

1 · 2 과: 문자와 발음
3 과 ~36 과: 회화문과 문형연습

3 과 부터의 과 구성

1. 회화문

각 과에서 배울 문형을 중심으로 구성되어 있다. 등장인물은 일본어 학습자 계층이 다양해지는 현상에 맞추어 대학생, 회사원 뿐 아니라 주부, 자유직(아르바이트) 등으로 다양하게 구성하였다.

2. 만화

등장인물들로 꾸며진 만화를 보면서 회화문의 한글 해석과 내용 파악을 재미있고 자연스럽게 익힐 수 있다. 어느 정도 학습한 후에는 한글 해석만 보고 일작(日作)연습도 해 보자.

3. New Words

회화문과 Check Point에 새로 나온 단어와 어구를 정리하였다. Point에 들어 있는 신출어구의 뜻은 각 용례의 해석으로 대신하였다.

4. Point

그 과의 주요 문형을 문법 설명, 용례와 함께 정리한 부분이다. 각 용례는 읽고 끝내는 것이 아니라, 학습자에게 그대로 질문하여 즉석에서 활용할 수 있도록 만들었다.
따라서 Drill 로도 충분히 이용할 수 있다.

5. Check Point

Point 에서 학습한 주요 문형과 문법을 토대로 말하기 문제와 듣기 문제로 구성하였다.
말하기 문제는 제시된 보기로 연습한 후, 학습자끼리 또는 선생님과 함께 대화 연습을 할 수 있다. 듣기 문제에서는 문장을 듣는 데 그치지 않고 전체 내용을 파악 할 수 있도록 부분적으로 함정을 만들어 놓았기 때문에 단어를 충분히 외운 후에 들어야 한다.

6. Power Up

다양하게 구성된 문제를 풀면서 실력을 다져가는 코너이다.

7. ここは NIPPON

쉬어가기에 해당하는 코너로 요즘 일본의 생생한 문화를 엿볼 수 있는 컬럼으로 구성되어 있다. 공부에 지쳤을 때 잡지를 보듯이 가볍게 읽어 보자.

본 교재의 학습목표

본 교재에 사용된 품사 명칭
명사
형용사　い형용사 / な형용사
동사　5 단동사→1 그룹동사→2 그룹동사
　　　　상 1 단동사 / 하 1 단동사→2 그룹동사
　　　　サ행변격동사 / カ행변격동사→3 그룹동사

CD-Rom 을 통해 쉽고 재미있게 공부할 수 있습니다.

자세한 동영상 강의와 재밌는 본문회화 애니메이션, 본문 회화의 번역 및 듣기, 단어 익히기, 자세한 문법 및 표현 설명이 들어있는 즐거운 암기와 신나는 훈련을 통해 1:1수업을 받는 것 같이 공부할 수 있습니다.
연습문제가 들어 있는 확인해보자를 통해 학습한 내용을 다시 한 번 스스로 체크할 수 있습니다.

박준 (パク ジュン)

외향적인 성격의 소유자로 학교를 졸업한 후
취직을 하지 않고 아르바이트를 하며 지내고
있다. 이한수와는 친하게 지내는 이웃이다.

하야시 타쿠야 (林 拓也)

무역회사의 한국 지사에 근무하고 있으며
이한수의 직장 동료이다.

김유리 (キム ユリ)

박준의 친구로 대학교 4학년이며, 취직 준비를
하고 있다.

이한수 (イ ハンス)

하야시 씨와 같은 회사에 근무하고 있으며,
같은 아파트에 살고 있다.

야마다 메구미 (山田 恵)

이한수 씨의 부인으로 활발한 성격이다.

Program 1

문자와 발음 I

일본어 문자

가나문자(仮名文字)

일본어 문자는 히라가나(ひらがな)와 가타카나(カタカナ) 그리고 한자(漢字)를 기본으로 한다.
히라가나와 가타카나를 통틀어 '가나(仮名)'라 하는데, 이것은 한자를 기초로 만들어진 문자이다. 가나를 일정한 순서로 5자씩 10행으로 배열한 것을 오십음도(五十音図·ごじゅうおんず)라고 하며, 오십음도에서 세로 줄을 행(行), 가로 줄을 단(段)이라 한다.

히라가나(ひらがな)

히라가나는 한자의 초서체에서 따온 것으로 필기체에 쓰인다. 9세기 말에서 10세기경에 만들어진 것으로 여성들이 시를 쓸 때나, 수필, 서간문에서 많이 사용되었다. 히라가나는 몇 가지 형태로 사용되어 왔는데, 1900년에 발표된 소학교령에 의해 현재의 46자로 통일되어 일본어의 기본 문자로 자리잡았다.

あ 安	い 以	う 宇	え 衣	お 於
か 加	き 幾	く 久	け 計	こ 己
さ 左	し 之	す 寸	せ 世	そ 曽
た 太	ち 知	つ 川	て 天	と 止
な 奈	に 仁	ぬ 奴	ね 祢	の 乃
は 波	ひ 比	ふ 不	へ 部	ほ 保
ま 末	み 美	む 武	め 女	も 毛
や 也		ゆ 由		よ 与
ら 良	り 利	る 留	れ 礼	ろ 呂
わ 和	ゐ 為		ゑ 恵	を 遠
ん 无				

가타카나(カタカナ)

가타카나는 10세기경에 만들어진 것으로 추정되며, 한자의 획을 중심으로 모방 또는 일부를 생략해 만든 문자이다. 현대어에서는 외래어, 외국의 지명이나 고유명사, 의태어, 의성어, 전보문 등에 사용되고 있다.

ア 阿	イ 伊	ウ 宇	エ 江	オ 於
カ 加	キ 幾	ク 久	ケ 介	コ 己
サ 散	シ 之	ス 須	セ 世	ソ 曽
タ 多	チ 千	ツ 川	テ 天	ト 止
ナ 奈	ニ 二	ヌ 奴	ネ 祢	ノ 乃
ハ 八	ヒ 比	フ 不	ヘ 部	ホ 保
マ 末	ミ 三	ム 牟	メ 女	モ 毛
ヤ 也		ユ 由		ヨ 与
ラ 良	リ 利	ル 流	レ 礼	ロ 呂
ワ 和	ヰ 井		ヱ 恵	ヲ 乎
ン 尓				

한자(漢字)

한자는 일본어 어휘의 기본을 이룬다. 이 일본어 한자를 읽는 방법에는 일본어 고유의 뜻을 살려 읽는 훈독(訓読)과 한자의 원래 음으로 읽는 음독(音読) 두 가지가 있는데, 훈독과 음독은 각각 한 가지가 아니라 두 가지 이상으로 읽히는 경우가 많다. 주로 훈독은 자립어로 쓰일 때 사용되고 음독은 다른 글자와 결합된 어휘에서 사용되는데, 음독 + 음독, 음독 + 훈독 등으로 다양하게 읽혀진다.

	음 독	훈 독
国	国民(こくみん) 국민	国(くに) 나라
私	私立(しりつ) 사립	私(わたし) 나

히라가나 (ひらがな)  1-01

01 청음(清音·せいおん)

	あ行	か行	さ行	た行	な行	は行	ま行	や行	ら行	わ行	
あ段	あ a	か ka	さ sa	た ta	な na	は ha	ま ma	や ya	ら ra	わ wa	ん N
い段	い i	き ki	し shi	ち chi	に ni	ひ hi	み mi		り ri		
う段	う u	く ku	す su	つ tsu	ぬ nu	ふ hu	む mu	ゆ yu	る ru		
え段	え e	け ke	せ se	て te	ね ne	へ he	め me		れ re		
お段	お o	こ ko	そ so	と to	の no	ほ ho	も mo	よ yo	ろ ro	を wo	

あ行	あ a	い i	う u	え e	お o

あい 사랑　　　いえ 집　　　うえ 위
え 그림　　　おう 왕

か行	か ka	き ki	く ku	け ke	こ ko

かい 조개　　　きく 국화 　　　けいかく 계획
こえ 목소리

さ行	さ sa	し shi	す su	せ se	そ so

おさけ 술　　　しか 사슴　　　すいか 수박
せき 자리　　　そこ 거기

た行	た ta	ち chi	つ tsu	て te	と to

たい 도미　　　ちち 아버지　　　て 손
とけい 시계

な行	な na	に ni	ぬ nu	ね ne	の no

なつ 여름　　　にく 고기　　　ぬの 천
ねこ 고양이

は行	は	ひ	ふ	へ	ほ
	ha	hi	hu	he	ho

はな 꽃　　　　ひと 사람　　　　ふね 배 
へい 벽　　　　ほし 별

ま行	ま	み	む	め	も
	ma	mi	mu	me	mo

まめ 콩　　　　みせ 가게　　　　むし 벌레
め 눈　　　　もち 떡

や行	や		ゆ		よ
	ya		yu		yo

やさい 야채　　　　ゆき 눈　　　　ゆめ 꿈
よめ 며느리

ら行	ら	り	る	れ	ろ
	ra	ri	ru	re	ro

さら 접시　　　　りえき 이익　　　　るす 부재중
れきし 역사　　　　ろうか 복도

わ行	わ			を	
	wa			wo	

わたし 저　　　　を ~을, ~를(조사)

ん	ん				
	N				

かんこく 한국　　　　にほん 일본

02 탁음 (濁音・だくおん) 🎧 1-03

청음의 자음 중 「か행, さ행, た행, は행」에는 글자 오른쪽 상단에 「゛」부호를 붙여 탁음을 만드는데, 이
탁음 부호를 '니고리(にごり)'라 부른다.

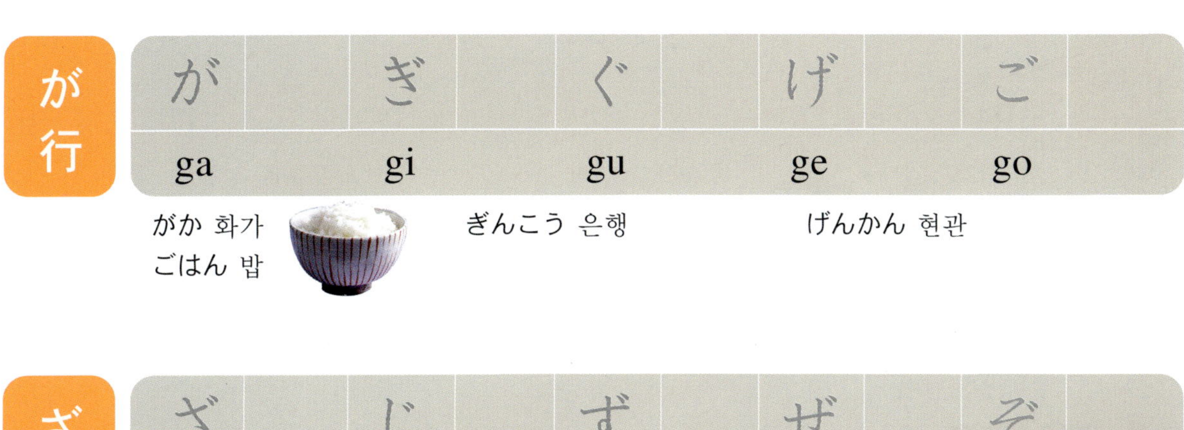

が行	が	ぎ	ぐ	げ	ご
	ga	gi	gu	ge	go

がか 화가　　　　　ぎんこう 은행　　　　げんかん 현관
ごはん 밥

ざ行	ざ	じ	ず	ぜ	ぞ
	za	ji	zu	ze	zo

ざせき 좌석　　　　じかん 시간　　　　みず 물
かぜ 바람　　　　　かぞく 가족

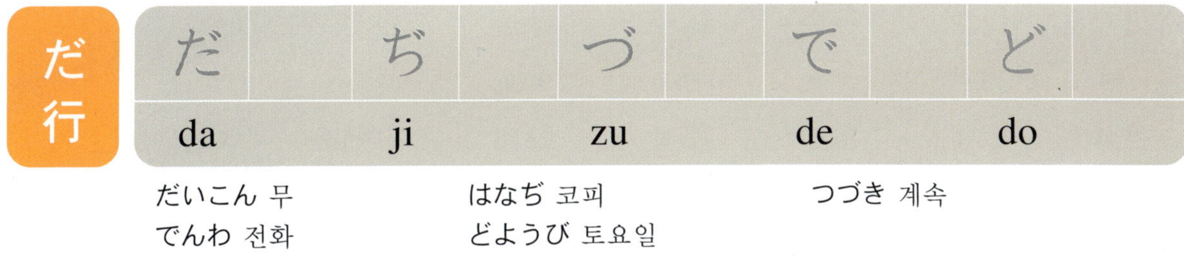

だ行	だ	ぢ	づ	で	ど
	da	ji	zu	de	do

だいこん 무　　　　はなぢ 코피　　　　つづき 계속
でんわ 전화　　　　どようび 토요일

ば行	ば	び	ぶ	べ	ぼ
	ba	bi	bu	be	bo

おちば 낙엽　　　　びじん 미인　　　　ぶた 돼지
べんごし 변호사　　ぼうし 모자

03 반탁음(半濁音·はんだくおん)  1-04

「は행」 오른쪽 상단에 반탁음 부호 「゜」를 붙인다.

ぱ行	ぱ pa	ぴ pi	ぷ pu	ぺ pe	ぽ po

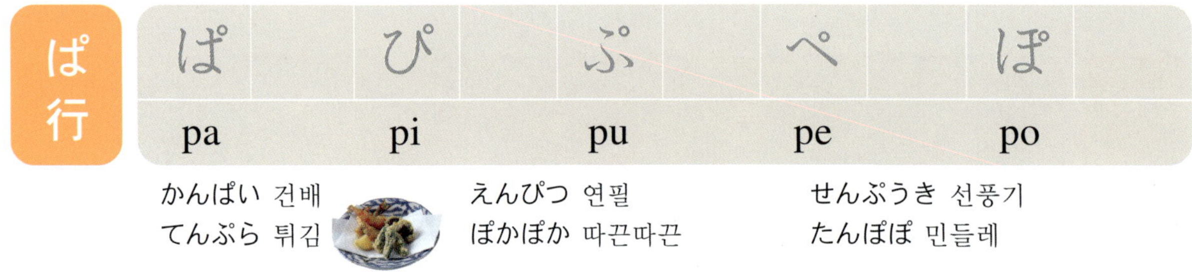

かんぱい 건배
てんぷら 튀김

えんぴつ 연필
ぽかぽか 따끈따끈

せんぷうき 선풍기
たんぽぽ 민들레

04 요음(拗音·ようおん) 1-05

반모음 「や, ゆ, よ」가 오십음도의 「い단」음과 결합한 소리로, 두 문자이지만 발음은 1음절로 하며 「や, ゆ, よ」는 작게 표기한다.

きゃ kya	しゃ sha	ちゃ cha	にゃ nya	ひゃ hya	みゃ mya	りゃ rya
きゅ kyu	しゅ shu	ちゅ chu	にゅ nyu	ひゅ hyu	みゅ myu	りゅ ryu
きょ kyo	しょ sho	ちょ cho	にょ nyo	ひょ hyo	みょ myo	りょ ryo

ぎゃ gya	じゃ ja	びゃ bya	ぴゃ pya
ぎゅ gyu	じゅ ju	びゅ byu	ぴゅ pyu
ぎょ gyo	じょ jo	びょ byo	ぴょ pyo

「つ」를 작게 표기한 음으로 받침 역할을 하며 한 음절 길이만큼 다음에 올 자음 입모양으로 쉬어야 한다.

① [k] : 「か행」앞에 올 때

みっか 삼일	そっくり 전부, 그대로
がっき 악기	がっこう 학교

② [s] : 「さ행」앞에 올 때

きっさてん 찻집(커피숍)	ざっし 잡지

③ [t] : 「た행」앞에 올 때

むっつ 여섯	きって 우표
あさって 모레	おっと 남편

④ [p] : 「ぱ행」앞에 올 때

いっぱい 가득	しっぱい 실패
きっぷ 표	さっぽろ 삿포로

06 발음(撥音·はつおん)……ん 1-07

「ん」은 한 박자의 길이를 가지며 다음에 오는 음에 따라 「m, n, ŋ, N」의 4가지로 발음된다.

① [m] : 「ま, ば, ぱ행」앞에 올 때

えんぴつ 연필	ほんもの 진짜 물건, 실물
ぶんぽう 문법	しんぶん 신문
さんぽ 산책	えんぶん 염분

② [n] : 「さ, ざ, た, だ, な, ら행」앞에 올 때

えんとつ 연통	べんとう 도시락
かんじ 한자	べんり 편리
あんない 안내	こんど 이번에

③ [ŋ] :「か, が행」앞에 올 때

けんか 싸움 　　　　　　　　　えんかい 연회
まんが 만화 　　　　　　　　　れんこん 연근

④ [N] :「あ, や, わ행」앞에 올 때

れんあい 연애 　　　　　　　　でんわ 전화
ほんや 서점 　　　　　　　　　てんいん 점원

07 장음(長音·ちょうおん) 🎧 1-08

① あ단 + あ ➡ [a:]

おばあさん 할머니 　　　　　★おばさん 아주머니
おかあさん 어머니

② い단 + い ➡ [i:]

おじいさん 할아버지 　　　　★おじさん 아저씨
いい 좋다

③ う단 + う ➡ [u:]

ゆうき 용기 　　　　　　　　★ゆき 눈

④ え단 + え／い ➡ [e:]

ゆうめい 유명 　　　　　　　★ゆめ 꿈
せんせい 선생님

⑤ お단 + お／う ➡ [o:]

おおい 많다 　　　　　　　　★おい 조카
おとうさん 아버지

1	おはようございます。	안녕하십니까?(아침 인사)
2	こんにちは。	안녕하십니까?(낮 인사)
3	こんばんは。	안녕하십니까?(저녁 인사)
4	おやすみなさい。	안녕히 주무세요.
5	さようなら。	안녕히 가세요./안녕히 계세요.
6	すみません。	미안합니다.
7	ありがとうございます。	고맙습니다.
8	どういたしまして。	천만에요.
9	はじめまして。	처음 뵙겠습니다.
10	おひさしぶりです。	오래간만입니다.
11	おげんきですか。	(그 동안) 안녕하셨습니까?
12	いただきます。	잘 먹겠습니다.
13	ごちそうさま。	잘 먹었습니다.
14	どうぞ　よろしく。	잘 부탁합니다.
15	おねがいします。	부탁합니다.
16	では、また。	그럼 또 (만납시다).
17	おだいじに。	몸 조심하십시오.

02 문자와 발음 Ⅱ

가타카나(カタカナ)

01 청음(清音)

	ア行	カ行	サ行	タ行	ナ行	ハ行	マ行	ヤ行	ラ行	ワ行	
ア段	ア a	カ ka	サ sa	タ ta	ナ na	ハ ha	マ ma	ヤ ya	ラ ra	ワ wa	ン N
イ段	イ i	キ ki	シ shi	チ chi	ニ ni	ヒ hi	ミ mi		リ ri		
ウ段	ウ u	ク ku	ス su	ツ tsu	ヌ nu	フ hu	ム mu	ユ yu	ル ru		
エ段	エ e	ケ ke	セ se	テ te	ネ ne	ヘ he	メ me		レ re		
オ段	オ o	コ ko	ソ so	ト to	ノ no	ホ ho	モ mo	ヨ yo	ロ ro	ヲ wo	

02 탁음(濁音)

ガ	ギ	グ	ゲ	ゴ
ga	gi	gu	ge	go
ザ	ジ	ズ	ゼ	ゾ
za	ji	zu	ze	zo

ダ	チ	ツ	デ	ド
da	ji	zu	de	do
バ	ビ	ブ	ベ	ボ
ba	bi	bu	be	bo

03 반탁음(半濁音)

パ	ピ	プ	ペ	ポ
pa	pi	pu	pe	po

04 요음(拗音)

キャ	シャ	チャ	ニャ	ヒャ	ミャ	リャ
kya	sha	cha	nya	hya	mya	rya
キュ	シュ	チュ	ニュ	ヒュ	ミュ	リュ
kyu	shu	chu	nyu	hyu	myu	ryu
キョ	ショ	チョ	ニョ	ヒョ	ミョ	リョ
kyo	sho	cho	nyo	hyo	myo	ryo

ギャ	ジャ	ビャ	ピャ
gya	ja	bya	pya
ギュ	ジュ	ビュ	ピュ
gyu	ju	byu	pyu
ギョ	ジョ	ビョ	ピョ
gyo	jo	byo	pyo

05 장음(長音)

① ア단 + ー ➡ [a:] サッカー　　② イ단 + ー ➡ [i:] キー　　③ ウ단 + ー ➡ [u:] スープ

④ エ단 + ー ➡ [e:] ケーキ　　⑤ オ단 + ー ➡ [o:] コーヒー

ア 行	ア	イ	ウ	エ	オ
	a	i	u	e	o

アイス 얼음
ウエイトレス 웨이트리스

アパート 아파트
エアコン 에어콘

インターネット 인터넷
オレンジ 오렌지

カ 行	カ	キ	ク	ケ	コ
	ka	ki	ku	ke	ko

カラー 컬러
ケーキ 케이크

キッチン 부엌
コーヒー 커피

クッキー 쿠키

サ 行	サ	シ	ス	セ	ソ
	sa	shi	su	se	so

サイン 사인
セーター 스웨터

システム 시스템
ソーセージ 소시지

スキー 스키

タ 行	タ	チ	ツ	テ	ト
	ta	chi	tsu	te	to

タイプ 타이프
チンパンジー 침팬지

ダイヤ 다이아
テスト 시험

ツアー 여행
トマト 토마토

ナ 行	ナ	ニ	ヌ	ネ	ノ
	na	ni	nu	ne	no

ナンバー 넘버
ニュース 뉴스

ネクタイ 넥타이
ニューヨーク 뉴욕

ノート 노트
カヌー 카누

ハ行	ハ	ヒ	フ	ヘ	ホ
	ha	hi	hu	he	ho

ハム 햄
フランス 프랑스

バス 버스 
ホワイト 화이트

パイプ 파이프
ヒーター 히터

マ行	マ	ミ	ム	メ	モ
	ma	mi	mu	me	mo

マナー 매너
ミス 미스

ムード 무드
メロン 메론

メーカー 메이커
モード 모드

ヤ行	ヤ		ユ		ヨ
	ya		yu		yo

イヤホン 이어폰
ユーモア 유머
ヨーロッパ 유럽

ラ行	ラ	リ	ル	レ	ロ
	ra	ri	ru	re	ro

ラーメン 라면
リズム 리듬

ラッシュアワー 러시아워
レモン 레몬

ロボット 로봇트
ルール 규칙

ワ行	ワ				ヲ
	wa				wo

ワールド 세계

ン	ン				
	N				

ファン (가수, 영화배우 등의) 팬

UNIT 03 はじめまして 🎧 1-11•All

박준은 林를 아파트로 안내하던 중, 아파트 앞에서 김유리를 만나 소개시킨다.

1-12 パク： キムさん、こちらは　林（はやし）さんです。

1-13 林　： はじめまして。　林拓也（たくや）です。　どうぞ　よろしく　お願（ねが）いします。

1-14 キム： キム　ユリです。　こちらこそ　どうぞ　よろしく。

1-15 パク： キムさん、おでかけですか。

1-16 キム： はい。

1-17 パク： じゃ、　また　後（あと）で。

1-18 キム： ええ。　じゃ、　また。

*　　*　　*　　*　　*　　*　　*　　*　　*

1-19 林　： キムさんは　パクさんの　恋人（こいびと）ですか。

1-20 パク： えっ？　いいえ、私（わたし）の　恋人じゃ　ありません。　友達（ともだち）です。

New Words

□ ～さん　～씨	□ こちらこそ　저야말로	□ ～の　～의
□ こちら　이쪽	□ おでかけ　외출	□ こいびと(恋人)　애인
□ ～は　～은/는	□ はい　네	□ えっ　네?!(놀랐을 때)
□ ～です　～입니다	□ じゃ　그럼	□ いいえ　아니요
□ はじめまして　처음 뵙겠습니다	□ また　또	□ わたし(私)　나/저
□ どうぞ　よろしく　おねが(お願)い	□ あとで(後で)　나중에, 이따가	□ ～じゃ　ありません　～이 아닙니다
します　(부디) 잘 부탁합니다	□ ええ　네	□ ともだち(友達)　친구

김(유리) 씨, 이쪽은 하야시 씨 입니다.
처음 뵙겠습니다. 하야시 타쿠야입니다. 잘 부탁 드리겠습니다.
김유리예요. 저야말로 잘 부탁 드려요.
김(유리) 씨 외출하세요?
예.

그럼, 또 봐요.
예. 그럼 또.

김(유리) 씨는 박(준) 씨의 애인입니까?
네?! 아뇨, 제 애인이 아니에요. 친구예요.

01 지시 대명사

　흔히「こ, そ, あ, ど」의 공식이라고도 하며, 일본어를 처음 시작하면 접하게 되는 가장 기본적인 지시 대명사입니다. 간단히 기본개념을 정리해 보면 다음과 같습니다.

こ (이)　　　자기 영역에 가까운 것을 지칭할 때
そ (그)　　　상대방 영역에 가까운 것을 지칭할 때
あ (저)　　　대화 당사자 모두에게서 멀리 떨어진 것을 지칭할 때
ど (어느)　　부정칭(의문을 나타낼 때)

위의 기본개념을 써서 물건과 방향을 말할 수 있습니다. 그럼 알기 쉽게 표로 정리해 볼까요?

	こ (이)	そ (그)	あ (저)	ど (어느)
지시어(+명사)	この～(이～)	その～(그～)	あの～(저～)	どの～(어느～)
물건	これ(이것)	それ(그것)	あれ(저것)	どれ(어느 것)
방향	こちら(이 쪽)	そちら(그 쪽)	あちら(저 쪽)	どちら(어느 쪽)
장소	ここ(여기)	そこ(거기)	あそこ(저기)	どこ(어디)

02 ～は　～です　～은/는 ～입니다

　그럼 일본어로는 문장을 어떻게 구성하는지 알아볼까요? 일본어와 우리말은 어순이 같고 조사의 쓰임이 비슷하다는 점에서 비교적 다가가기 쉬운 언어라고 할 수 있습니다. 조사「～는」는 주격조사이고 '～은/는'으로 해석됩니다. 조사 앞의 명사가 문장의 주어임을 나타내죠. 서술어「～です」는 '～입니다'로 해석됩니다.

▶ は[ha]가 조사로 쓰일 때 [wa]로 발음되는 것에 주의하세요!

・私は　韓国人です。 저는 한국인입니다.

・これは　アイスコーヒーです。 이것은 아이스 커피입니다.

• トイレは　あそこです。 화장실은 저기입니다.

03

Q：～ですか　～입니까?
A：はい、　～です　네, ~입니다
　　いいえ、　～じゃ　ありません　아니요, ~이/가 아닙니다

앞에서 배운 서술어 「～です(입니다)」에 의문조사 「～か(까?)」를 붙여 의문문을 만듭니다. 의문문이니까 억양은 올려야겠죠? 상대방이 「～ですか(입니까?)」로 물었을 때 묻는 말에 긍정을 표시할 때에는 「はい、～です(네, ~입니다)」로, 부정을 표시할 때에는 「いいえ、～じゃ　ありません(아니요, ~이/가 아닙니다)」으로 대답합니다. 「～じゃ　ありません」은 「～です」의 부정표현이며 회화체에서 사용됩니다. 좀더 격식을 차린 표현으로 「～では　ありません」이 있는데, 주로 문장체에 쓰이는 딱딱한 표현이에요.

• A：学生<ruby>がくせい</ruby>さんですか。 학생입니까?

B：はい、学生です。 네, 학생입니다.

いいえ、学生じゃ　ありません。 会社員<ruby>かいしゃいん</ruby>です。
아니요, 학생이 아닙니다. 회사원입니다.

여기에서 학생을 「学生さん」이라고 표현한 것은 듣는 사람에게 정중한 느낌을 주기 위해서랍니다. 우리말로도 '학생분이세요?' 라는 표현이 있죠? 단, 자기 자신의 신분을 말할 때는 「～さん」을 붙이지 않는다는 점 주의하세요.

• A：バス停<ruby>てい</ruby>は　ここですか。 버스 정류장은 여기입니까?

B：はい、ここです。 네, 여기입니다.

～の～ / ～の ～의~ / ~의 것

　「～の」는 명사와 명사 사이에 붙어 '～의'라는 의미로 쓰이지만 우리말로 해석할 때는 생략되는 경우가 많죠. 몇 가지 예외가 있기는 하지만 초급 단계에서는 명사와 명사를 연결할 때는 반드시 「～の」를 넣는다 정도로 알아 두면 됩니다. 또한 「～の」는 '～의 것'이라는 소유를 나타내는 의미로도 쓰입니다.

- 今日の　新聞です。 오늘 신문입니다.

- 私の　友達は　英語の　先生です。 제 친구는 영어 선생님입니다.

- この　けいたいは　キムさんのですか。 이 핸드폰은 김○○ 씨 것입니까?

Check Point

다음 예와 같이 문장을 만들어 보세요.

01

> 예　キム・学生　➡　こちらは　キムさんです。　キムさんは　学生です。

① 山田・主婦　　　　　　　　　　② 林・会社員

③ パク・フリーター　　　　　　　④ イ・日本語の　先生

02

> 예　　この　かばんは　キムさんのですか。
> ➡　はい、その　かばんは　キムさんのです。
> ➡　いいえ、その　かばんは　キムさんのじゃ　ありません。

① 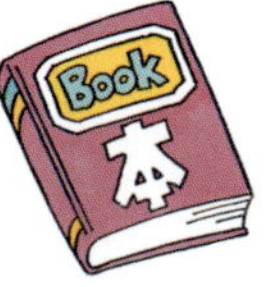　この________は　林さんのですか。

➡　はい、その________________________。

② 　この________は　パクさんのですか。

➡　いいえ、その________________________。

③ この________は　イさんのですか。

➡　はい、その________________________。

④ 　この________は　山田さんのですか。

➡　いいえ、その________________________。

⑤ 　この________は　佐藤さんのですか。

➡　いいえ、その________________________。

1-21 🎧 **03** 대화의 내용을 잘 듣고 이름과 직업을 메모하세요.

1-22 🎧 **04** 각자의 소지품과 연결해 보세요.

① 이름 :

  직 업 :

② 이름 :

  직 업 :

③ 이름 :

  직 업 :

④ 이름 :

  직 업 :

New Words

□ しゅふ（主婦） 주부

□ フリーター 자유직(아르바이트)

□ にほんご（日本語） 일본어

□ かばん 가방

□ くるま（車） 차/자동차

□ ほん（本） 책

□ じしょ（辞書） 사전

□ かさ（傘） 우산

□ うわぎ（上着） 윗도리

□ だいがくせい（大学生） 대학생

Power UP

다음 히라가나는 무엇이 틀렸을까요? 틀린 곳을 찾아서 바르게 고쳐 보세요.

(1) 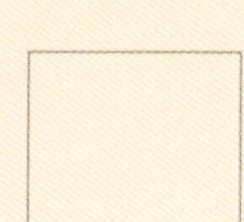 ➡ ☐　　　(2)  ➡ ☐

(3)  ➡ ☐　　　(4)  ➡ ☐

청음과 탁음에 유의해서 빈 칸을 채워 보세요. 쓰면서 큰 소리로 읽어 보세요.

(1) 가방

か		

(2) 윗도리

	わ	

(3) 휴대폰

	い		い

(4) 대학생

	い			せ	

three

다음 히라가나를 예와 같이 바르게 배열하세요.

(1) だ も ち と ➡ _____________ (친구)　　(2) こ と い び ➡ _____________ (애인)

(3) ん し ゃ い か い ➡ _____________ (회사원)　(4) ん せ せ い ➡ _____________ (선생님)

UNIT 04

それは　何ですか　🎧 1-23•All

林が 빨래방에 가던 중 박준을 만났다.

1-24 パク： こんばんは。　それは　<ruby>何<rt>なん</rt></ruby>ですか。

1-25 <ruby>林<rt>はやし</rt></ruby>： <ruby>洗濯物<rt>せんたくもの</rt></ruby>です。　あの…、　コインランドリーは　どこですか。

1-26 パク： あそこの　<ruby>地下<rt>ちか</rt></ruby>です。　でも、　<ruby>今日<rt>きょう</rt></ruby>は　お<ruby>休<rt>やす</rt></ruby>みですよ。

1-27 林： えっ。　<ruby>月曜日<rt>げつようび</rt></ruby>は　お休みですか。

1-28 パク： はい。　<ruby>火曜日<rt>かようび</rt></ruby>から　<ruby>日曜日<rt>にちようび</rt></ruby>までです。

1-29 林： うーん…、　じゃ、　<ruby>何時<rt>なんじ</rt></ruby>から　何時までですか。

1-30 パク： <ruby>午前<rt>ごぜん</rt></ruby>　8<ruby>時<rt>じ</rt></ruby>から　<ruby>午後<rt>ごご</rt></ruby>　9時までです。

1-31 林： 日曜日も　9時までですか。

1-32 パク： いいえ、　日曜日は　6時までですよ。

New Words

- □こんばんは　안녕하세요(저녁 인사)
- □なん(何)　무엇
- □せんたくもの(洗濯物)　세탁물
- □あの…　저……
- □コインランドリー　빨래방
- □ちか(地下)　지하
- □でも　하지만
- □おやすみ(お休み)　휴일
- □～よ　지시하거나 가르치는 어조를 나타 내는 종조사(문장 끝에 붙는 조사)
- □げつようび(月曜日)　월요일
- □かようび(火曜日)　화요일
- □～から　～부터
- □にちようび(日曜日)　일요일
- □～まで　～까지
- □なんじ(何時)　몇 시
- □ごぜん(午前)　오전
- □ごご(午後)　오후
- □～も　～도

안녕하세요.
그건 뭐예요?
빨래예요.
저……, 빨래방은
어디에 있어요?

저기 지하예요.
하지만,
오늘은 휴일이에요.

네!? 월요일은
휴일입니까?
예. 화요일부터
일요일까지예요.

으음~, 그럼,
몇 시부터 몇 시까지예요?
오전 8시부터
오후 9시까지예요.

일요일도
9시까지예요?
아뇨,
일요일은
6시까지예요.

01 〔의문사〕＋ですか （의문사）입니까?

의문사란 의문문에서 묻고자 하는 대상을 나타내는 말입니다. 일본어의 의문사에는 「何(なに・なん)(무엇), 誰(だれ)(누구), どこ(어디), どれ(어느), いつ(언제)」 등이 있는데요. 이러한 의문사 뒤에 「〜ですか(입니까?)」를 붙이면 정중하게 질문할 때 쓰는 표현이 됩니다.

- それは 何(なん)ですか。 그것은 무엇입니까?

- 何(なん)の チケットですか。 무슨 티켓입니까?

의문사 「何の(무슨)」는 묻고자 하는 대상(명사) 앞에 붙여서 구체적인 종류를 물을 때 사용됩니다. 또한, 묻는 사람도 어떤 대상인지 이미 알고 있는 상황에서는 「何の＋명사＋ですか」와 같이 말하죠. 위의 예문처럼 티켓인지 아닌지는 눈으로 보면 금방 알 수 있지만 그것이 구체적으로 무슨 티켓인지를 물을 때는 「何の チケットですか」와 같이 물을 수 있겠죠?

- ここは どこですか。 여기는 어디입니까?

- すみません。 今(いま)、何時(なんじ)ですか。 실례합니다. 지금 몇 시입니까?

- キムさんの 誕生日(たんじょうび)は いつですか。 김○○ 씨의 생일은 언제입니까?

02 〜でした 〜이었습니다
〜じゃ ありませんでした 〜이/가 아니었습니다

3과에서 배운 「〜です(입니다)」 생각나시죠? 「〜でした」는 「〜です」의 과거표현입니다. 과거형이니까 우리말로는 '〜이었습니다'로 해석되겠죠? 3과에서 배운 「명사＋です」를 「명사＋でした」로 바꾸면 긍정의 과거표현을 만들 수 있답니다. 물론 「〜でしたか(〜이었습니까?)」로 하면 의문문이 되요. 상대방의 물음에 과거 상황의 긍정을 표현하고 싶을 때는 「〜でした」, 부정을 표현하고 싶을 때는 「〜じゃ ありませんでした(〜이/가 아니었습니다)」를 써서 대답하면 된답니다.

・A：昨日は　お休みでしたか。 어제는 쉬는 날이었습니까?

　B：いいえ、休みじゃ　ありませんでした。 아니요, 쉬는 날이 아니었습니다.

03　〜から　〜まで　~부터 ~까지

　「〜から」는 일의 순서나 범위의 시작을 나타내는데, 우리말로는 '~부터'로 해석됩니다. 반대로 「〜まで」는 일의 끝이나 범위의 종결을 나타내며, 우리말로 '~까지'로 해석됩니다. 초급 단계에서는 「〜から　〜まで」처럼 한 덩어리로 기억해 두면 편리하답니다.

・仕事は　9時から　6時までです。 일은 9시부터 6시까지입니다.

・バーゲンセールは　5日から　14日までです。
　바겐세일은 5일부터 14일까지입니다.

04　〜も　~도

　「〜も」는 우리말의 '~도'에 해당하는 조사인데 강조의 의미로 많이 사용돼요. 우리말의 '사흘<u>이나</u> 굶었다'처럼 말할 때에도 사용할 수 있다는 거죠.

　4과에서는 문장을 열거할 때 앞에서 말한 내용과 같은 내용이 중복된다는 의미로 사용되었습니다. 예문을 읽어 보면 이해가 빠르답니다.

・今日も　お仕事ですか。 오늘도 일 나가십니까?

・私　もです。 저도 입니다.

수				
1 (いち)	2 (に)	3 (さん)	4 (し ／ よん)	5 (ご)
6 (ろく)	7 (しち ／ なな)	8 (はち)	9 (く ／ きゅう)	10 (じゅう)

시간				
① 시(時)	1時(いちじ)	2時(にじ)	3時(さんじ)	4時(よじ)
	5時(ごじ)	6時(ろくじ)	7時(しちじ)	8時(はちじ)
	9時(くじ)	10時(じゅうじ)	11時(じゅういちじ)	
	12時(じゅうにじ)	何時(なんじ)		
② 분(分)	1分(いっぷん)	2分(にふん)	3分(さんぷん)	4分(よんぷん)
	5分(ごふん)	6分(ろっぷん)	7分(ななふん)	8分(はっぷん)
	9分(きゅうふん)	10分(じゅっぷん ／ じっぷん)		
	半(はん)	何分(なんぷん)		

날짜				
① 월(月)	1月(いちがつ)	2月(にがつ)	3月(さんがつ)	4月(しがつ)
	5月(ごがつ)	6月(ろくがつ)	7月(しちがつ)	8月(はちがつ)
	9月(くがつ)	10月(じゅうがつ)	11月(じゅういちがつ)	
	12月(じゅうにがつ)	何月(なんがつ)		
② 일(日)	1日(ついたち)	2日(ふつか)	3日(みっか)	4日(よっか)
	5日(いつか)	6日(むいか)	7日(なのか)	8日(ようか)
	9日(ここのか)	10日(とおか)	11日(じゅういちにち)	
	12日(じゅうににち)		13日(じゅうさんにち)	
	14日(じゅうよっか)		15日(じゅうごにち)・・・	
	20日(はつか)		21日(にじゅういちにち)・・・	
	30日(さんじゅうにち)・・・		何日(なんにち)	

요일			
月曜日(げつようび)	火曜日(かようび)	水曜日(すいようび)	木曜日(もくようび)
金曜日(きんようび)	土曜日(どようび)	日曜日(にちようび)	何曜日(なんようび)

Check Point

다음 예와 같이 문장을 만들어 보세요.

01

> 예 チケット ／ 映画（えいが）
>
> A：これは　何（なん）ですか。
> B：チケットです。
> A：何の　チケットですか。
> B：映画の　チケットです。

① チケット ／ コンサート　　② 本（ほん）／ 単語（たんご）　　③ 辞書（じしょ）／ 日本語（にほんご）
④ 雑誌（ざっし）／ ゲーム　　⑤ ポスター ／ ミュージカル

02

> 예 1:15  A：すみません。今（いま）、何時（なんじ）ですか。
> B：1時（じ）　15分（ふん）です。

① 3:25　　② 4:30　　③ 7:10　　④ 9:40　　⑤ 12:45

03

> 예 バレンタインデー
>
> A：バレンタインデーは　いつですか。
> B：2月（がつ）　14日（じゅうよっか）です。

① お正月（しょうがつ）　　② ホワイトデー　　③ 子供（こども）の　日（ひ）
④ クリスマス　　⑤ おおみそか　　⑥ 先生（せんせい）の　誕生日（たんじょうび）

  내용을 잘 듣고 맞는 그림을 고르세요.

1-33 **1.**

(   )　　　　　(   )　　　　　(   )

1-34 **2.**

① open : 月〜土
time : a.m. 9:00〜
　　　 p.m. 6:00
（土 : 〜12:00）

② open : 月〜日
time : a.m. 9:00〜
　　　 p.m. 6:00
（土 : 〜11:00）

③ open : 月〜土
time : a.m. 9:00〜
　　　 p.m. 6:00
（土 : 〜2:00）

(   )　　　　　(   )　　　　　(   )

New Words

- えいが（映画）영화
- コンサート 콘서트
- ざっし（雑誌）잡지
- ゲーム 게임
- ポスター 포스터
- ミュージカル 뮤지컬
- バレンタインデー 발렌타인 데이
- おしょうがつ（お正月）설날
- ホワイトデー 화이트 데이
- こども（子供）어린이
- ひ（日）날
- クリスマス 크리스마스
- おおみそか 한 해의 마지막 날(12월 31일)
- そうそう… 아 참(무엇인가가 생각이 났을 때) / 그래 맞아(동감임을 나타낼 때)
- としょかん（図書館）도서관
- じかん（時間）시간

Power UP

 **one**

다음 요일을 알맞은 히라가나와 연결하고 큰 소리로 따라 읽어 보세요.

(1) 화요일 •　　　　　　　　　• かようび

(2) 월요일 •　　　　　　　　　• もくようび

(3) 일요일 •　　　　　　　　　• どようび

(4) 목요일 •　　　　　　　　　• すいようび

(5) 금요일 •　　　　　　　　　• にちようび

(6) 토요일 •　　　　　　　　　• げつようび

(7) 수요일 •　　　　　　　　　• きんようび

two

다음은 하야시 씨의 스케줄 표입니다. 잘 보고 물음에 답해 보세요.

2月						
日曜日	月曜日	火曜日	水曜日	木曜日	金曜日	土曜日
			1	2	3	4
5	⑥	7 ← コンサート →	⑧	9	10	11
12	13	14	⑮ 映画 p.m.2:00 から	16	17	18
19	20	21	22	23	24	25
26	27	28	29	㉚ パクさんの 誕生日	31	

(1) コンサートは　いつから　いつまでですか。

　　＿＿、＿＿月＿＿＿＿＿日から＿＿＿＿＿月＿＿＿＿＿日までです。

(2) 映画は　何時からですか。

　　映画は＿＿＿＿＿＿＿時からです。

(3) パクさんの　誕生日は　何曜日ですか。

　　パクさんの　誕生日は＿＿＿＿＿＿＿です。

UNIT 05

ラーメンは　ありますか

🎧 1-35•All

林が 일본 식품 전문 매장에 갔다.

1-36 林 ：あの…、日本人の　店員さんも　いますか。

1-37 店員：あ、はい、お客さま。

1-38 林 ：すみません。カップラーメンは　ありますか。

1-39 店員：ええ、こちらに　あります。

1-40 林 ：一つ　いくらですか。

1-41 店員：1,300 ウォンです。

1-42 林 ：じゃ、ラーメン　三つと　ビール　三本　ください。

1-43 店員：はい、ありがとうございます。　全部で　10,200ウォンです。

New Words

- にほんじん（日本人）일본인
- てんいん（店員）점원
- おきゃくさま（お客さま）손님
- ～さま ～님
- カップラーメン 컵라면
- ひとつ（一つ）한 개, 하나
- いくらですか 얼마입니까?
- ～と～ ～랑/과/와/하고~
- ください 주세요
- ありがとうございます 감사합니다
- ぜんぶ（全部）전부
- ぜんぶで（全部で）전부해서

저……, 일본인 점원도 있나요?
아, 예, 손님.

죄송한데요. 컵라면은 있나요?
네, 이쪽에 있어요.

한 개 얼마인가요?
1,300원이에요.

그럼, 라면 3개랑 맥주 3병 주세요.
예, 감사합니다. 전부해서 10,200원입니다.

01

〜が　あります 〜이/가 있습니다
〜は　ありません 〜은/는 없습니다

　일본어는 우리말이랑 달라서 존재를 나타내는 말이 「あります(ある)」와 「います(いる)」로 나뉘어져 있는데요. 여기에서는 우선 「あります」에 대해서 살펴보도록 하죠.
　「あります(ある)」는 사물이나 식물처럼 스스로 이동하지 못하는 것, 즉 동작성이 없는 것에 대한 존재 유무를 나타냅니다. 반대표현인 '없습니다'는 「ありません」이 된답니다.

- けいたいが　あります。 핸드폰이 있습니다.

- 時間が　あります。 시간이 있습니다.

- 私の　パソコンは　ありません。 제 PC는 없습니다.

- 授業は　ありません。 수업은 없습니다.

02

〜が　います 〜이/가 있습니다
〜は　いません 〜은/는 없습니다

　「います(いる)」는 사람이나 동물처럼 스스로 이동할 수 있는 것, 즉 동작성이 있는 것에 대한 존재 유무를 나타낼 때 씁니다. 반대표현으로 '없습니다'는 「いません」이 된답니다.

- 恋人が　います。 애인이 있습니다.

- 兄弟は　いません。 형제는 없습니다.

- ペットが　いますか。 애완 동물이 있습니까?

03 ～に ～에

조사 「～に」는 소재지와 목적지 또는 대상, 목적, 시간 등을 나타내는데요. 대개 우리말로는 '～에'로 해석됩니다. 여기서는 사물(사람)이 존재하는 장소를 나타내는 용법에 대해서 살펴보도록 하죠.

- あそこに　私の　車が　あります。 저기에 제 차가 있습니다.
- 日本に　友達が　一人　います。 일본에 친구가 한 명 있습니다.
- A：公衆電話は　どこに　ありますか。 공중전화는 어디에 있습니까?

  B：コンビニの　前に　あります。 편의점 앞에 있습니다.

장소를 나타내는 말 뒤에 조사 「に」를 붙여 연습해 볼까요?

上(위)	下(아래)	前(앞)	後ろ(뒤)	中(안)	外(밖)	横(옆)

04 〔의문사〕＋か (의문사)인가
의문사 ➡ なに／だれ／どこ／どれ／いつ

「なに」, 「だれ」, 「どこ」…, 4과에서 배운 의문사들 이젠 보지 않고도 다 말할 수 있죠? 이러한 의문사들 뒤에 「～か」를 붙이면 「何か (무언가), 誰か (누군가), どこか (어딘가)」처럼 불확실 또는 불특정하다라는 의미를 나타낼 수 있답니다. 그럼 알기 쉽게 표로 정리해 볼까요?

의문사	何(무엇)	誰(누구)	どこ(어디)	どれ(어느 것)	いつ(언제)
의문사+か	何か(뭔가)	誰か(누군가)	どこか(어딘가)	どれか(어느 것인가)	いつか(언젠가)

- A：何か　ありますか。 뭔가 있습니까?

  B：はい、あります。 네, 있습니다.

  いいえ、何も　ありません。 아니요, 아무것도 없습니다.

- 誰か　いますか。 누군가 있습니까?

- 車の　下に　何か　います。 차 밑에 뭔가 있습니다.

05　ください　주세요

「ください」는 무엇인가를 요구할 때 쓰는 표현으로, 명사 뒤에 써서 '~주세요'라는 말을 만들 수 있어요. 일본 음식점에 갔다고 상상하고 여러 가지를 주문하는 연습을 해 보세요. 어때요? 너무너무 쉽죠?

- コーヒーと　アイスティー　ください。 커피와 아이스티 주세요.

- 生ビール　二つと　焼きとり　ください。 생맥주 두 개와 닭꼬치 주세요.

- もう　一つ　ください。 하나 더 주세요.

조수사(助数詞)

	~명(~人)	~개	~장(~枚)	~권(~冊)	~잔(~杯)	~병 /자루(~本)
1	ひとり	ひとつ	いちまい	いっさつ	いっぱい	いっぽん
2	ふたり	ふたつ	にまい	にさつ	にはい	にほん
3	さんにん	みっつ	さんまい	さんさつ	さんばい	さんぼん
4	よにん	よっつ	よんまい	よんさつ	よんはい	よんほん
5	ごにん	いつつ	ごまい	ごさつ	ごはい	ごほん
6	ろくにん	むっつ	ろくまい	ろくさつ	ろっぱい	ろっぽん
7	しちにん	ななつ	ななまい	ななさつ	ななはい	ななほん
8	はちにん	やっつ	はちまい	はっさつ	はっぱい	はっぽん
9	きゅうにん	ここのつ	きゅうまい	きゅうさつ	きゅうはい	きゅうほん
10	じゅうにん	とお	じゅうまい	じゅっさつ	じゅっぱい	じゅっぽん
11	じゅういちにん	じゅういち	じゅういちまい	じゅういっさつ	じゅういっぱい	じゅういっぽん
12	じゅうににん	じゅうに	じゅうにまい	じゅうにさつ	じゅうにはい	じゅうにほん
몇	なんにん	いくつ	なんまい	なんさつ	なんばい	なんぼん

다음 예와 같이 문장을 만들어 보세요. (1~2번)

01

> 예 車 / はい（いいえ）
>
> A：車が　ありますか。
>
> B：はい、車が　あります。（いいえ、車は　ありません。）

① パソコン　／　いいえ　　② 恋人　／　はい　　③ ペット　／　いいえ
④ 時計　／　いいえ　　⑤ 約束　／　はい

02

> 예 トイレ　／　エレベーターの　横
>
> A：すみません。トイレは　どこに　ありますか。
>
> B：エレベーターの　横に　ありますよ。
>
> A：どうも。

① バス停　／　あの　ビルの　前　　② 薬屋／この　地下
③ 地下鉄の　駅　／　デパートの　前　　④ コピー機　／　ドアの　横
⑤ キムさん　／　となりの　部屋　　⑥ 店員さん　／　あそこ

다음 그림을 보고 예와 같이 만들어 보세요. (3~4번)

03

> 예 電話 ➡ テーブルの　上に　電話が　あります。

① 花　　　　② 犬　　　　③ 子供　　　　④ 傘　　　　⑤ カレンダー

04

> 예 電話 ➡ A：電話は　どこに　ありますか。
>
> 　　　　　　　B：電話は　テーブルの　上に　あります。

① 花　　　　② 犬　　　　③ 子供　　　　④ 傘　　　　⑤ カレンダー

05　내용을 잘 듣고 맞는 것을 골라 보세요.

1-44 **1. 무엇을 몇 개 샀습니까?**

① ラーメン　一つと　ジュース　二つ　　② ラーメン　二つと　ジュース　一つ

③ ラーメン　一つと　ジュース　一つ

1-45 **2. 무엇이 있습니까?**

① コインが　あります。　　② 人が　います。　　③ 子犬が　います。

New Words

□ とけい（時計）시계	□ どうも 고마워요(「どうもありがとうございます」의 생략형)	□ となり 이웃
□ やくそく（約束）약속		□ へや（部屋）방
□ テーブル 테이블	□ ビル 빌딩	□ ジュース 주스
□ はな（花）꽃	□ くすりや（薬屋）약국	□ コイン 동전
□ カレンダー 달력	□ ちかてつ（地下鉄）지하철	□ ひと（人）사람
□ テレビ 텔레비전	□ えき（駅）역	□ こいぬ（子犬）강아지
□ ドア 문	□ デパート 백화점	
□ エレベーター 엘리베이터	□ コピーき（コピー機）복사기	

Power UP

one

다음 물건들을 일본어로 읽어 보고 가격을 예와 같이 히라가나로 써 보세요.

(예) ラーメン	(1) ビール	(2) コーヒー
¥700 ➡ ななひゃく	¥350 ➡	¥400 ➡
(3) 新聞 しんぶん	(4) 傘 かさ	(5) 雑誌 ざっし
¥130 ➡	¥1,500 ➡	¥570 ➡

two

다음을 예와 같이 써 보세요.

> (예) 맥주 여섯 병 ➡ <u>ビール　ろっぽん</u>

(1) 우산 세 자루 ➡ ______________________________

(2) 신문 네 장 ➡ ______________________________

(3) 커피 세 잔 ➡ ______________________________

(4) 라면 열 개 ➡ ______________________________

(5) 잡지 여덟 권 ➡ ______________________________

일본은 물가가 비싸다 ? !

缶コーヒー(1本)
120円

자동 판매기에서 샀을 경우의 가격.

ガム(9枚)
100円

슈퍼에서는 99 엔에 판매되고 있다.

アイスクリーム(1個)
100円

종류에 따라 다르지만 60 엔 ~150 엔 정도가 일반적이다.

雑誌(1冊)
440円

400 엔 ~500 엔 정도가 일반적이다.

コーヒー(1杯)
300円

찻집에서 보통 브랜드 커피를 마실 경우.

おにぎり(1個)
110円

편의점에서 110 엔 ~170 엔 정도.

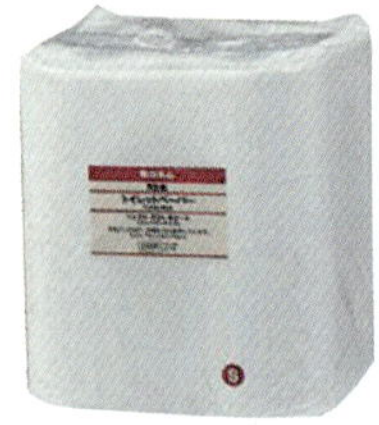

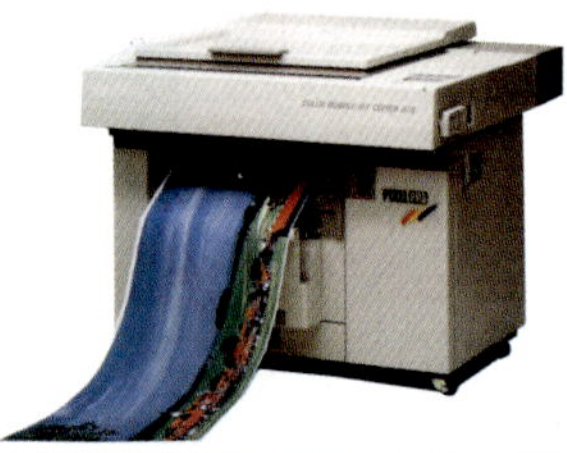

トイレットペーパ（8 ロール）
298円

無印良品에서 나오는 화장실용 두루마리 휴지. 감촉도 좋아라.

タバコ(1箱)
270円

2010 년 10 월부로 기존 300 엔 정도였던 것이 410 엔 ~440 엔으로 대폭 인상되었다. 일본정부는 흡연 인구를 줄이기 위한 방안으로 앞으로도 최대 1000 엔 수준까지 단계적으로 인상하겠다는 방침을 내세웠다.

カラーコピー(1枚)
50円

편의점에서 B5・A4・B4 사이즈의 가격. A3 는 1 장에 80 엔.

靴下（3足組み）

990円

1개에 350 엔. 소모품이므로 한 꺼번에 많이 사는 사람이 많다.

ポロシャツ（1枚）

1,000円

유니크로라는 메이커. 속옷부 터 코트까지 뭐든지 갖춰져 있 어요.

花束（配達）

3,800円

튤립 15 송이의 가격. 장미여 도 가격은 대개 비슷함.

携帯電話（1台）

16,500円

컬러폰으로 카메라가 달려서 동영상도 찍을 수 있다.

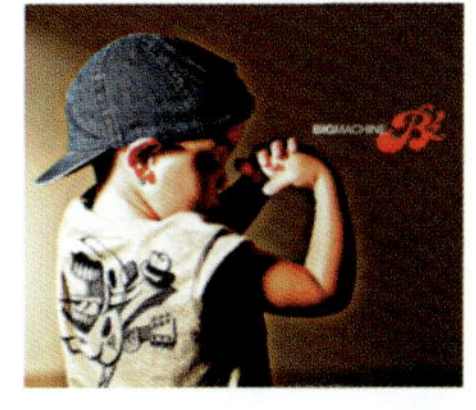

CD（1枚）

2,900円

13곡 수록. 싱글은 1장에 1,000엔 전후.

タクシー（初乗り）

660円

처음 탄 후 2km의 가격으로 그 후에는 약 280미터당 80 엔이 추가됨.

映画チケット（大人1枚）

1,800円

학생은 1,500 엔. 회원은 200 엔 할인.

クリーニング（ワイシャツ1枚）

350円

드라이 클리닝 표준가격.

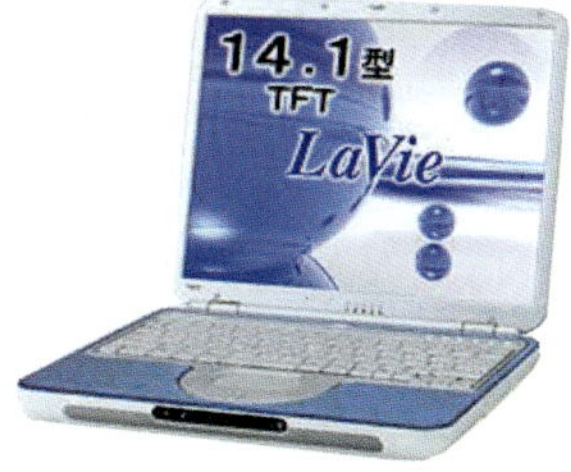

ノートパソコン（1台）

159,800円

최신모델. 20개월 할부 가능.

一杯　飲みませんか 🎧 1-46•All

林가 김유리에게 전화를 건다.

1-47 林 ： もしもし、林です。

1-48 キム： 林さん、こんにちは。

1-49 林 ： こんにちは。今日は　授業、何時に　終わりますか。

1-50 キム： もう　終わりました。

1-51 林 ： じゃ、これから　何を　しますか。

1-52 キム： うーん…、家に　帰ります。

1-53 林 ： じゃ、家の　近くの　店で　一杯　飲みませんか。パクさんと　三人で。

1-54 キム： ええ。飲みましょう。じゃあ、家の　近くの　バス停で　電話します。

New Words

□ もしもし　여보세요	□ 〜を　〜을/를	□ 〜で　〜에서
□ こんにちは　안녕하세요(낮 인사)	□ する　하다	□ いっぱい（一杯）　한 잔
□ 〜に　〜에	□ うち・いえ（家）　집	□ のむ（飲む）　마시다
□ おわる（終わる）　끝나다	□ かえる（帰る）　돌아가다/돌아오다	□ さんにんで（三人で）　셋이서
□ もう　이제/이미/벌써	□ ちかく（近く）　근처	
□ これから　지금부터	□ みせ（店）　가게	

50

하야시 씨, 안녕하세요.
여보세요, 하야시예요.

안녕하세요. 오늘은 수업, 몇 시에 끝나세요?
벌써 끝났어요.

그럼, 지금부터 뭐하세요?
음~, 집에 돌아가요.

그럼, 집 근처 가게에서 한잔하지 않겠어요?
박(준) 씨하고 셋이서.
네. 마시죠.
그럼, 집 근처 버스 정류장에서 전화할게요.

01 일본어의 동사

자, 드디어 일본어의 동사를 공부할 시간이 됐네요. 일본어로 동사를 많이 말할 수 있으면 회화다운 회화를 할 수 있게 된답니다. 그럼, 우선 일본어의 동사는 어떤 구조로 생겼는지 알아볼까요?

일본어의 동사는 모두「う단」으로 끝난답니다. 오십음도를 찬찬히 보면서「う단」을 소리내서 말해 보세요.「う, く, す, つ, ぬ…」.

일본어의 동사는 생긴 모양에 따라서 1그룹동사, 2그룹동사, 3그룹동사로 나눕니다. 여기서는 동사의 모양을 보고 몇 그룹인지를 구별하는 법에 대해서 살펴보도록 하겠습니다. 왜냐하면 동사의 그룹에 따라서 활용하는 방법이 달라지기 때문이에요.

1그룹동사

① 「る」로 끝나지 않는 모든 동사

예 買う(사다)　　行く(가다)　　休む(쉬다)　…
　　kau　　　　　iku　　　　　yasumu

② 「る」로 끝났을 경우「る」앞이 [a], [u], [o]음인 동사.

예 始まる(시작하다)　　売る(팔다)　　取る(잡다)
　　hajimaru　　　　　　uru　　　　　toru

2그룹동사

① 「る」로 끝나고「る」앞의 음이 [i], [e]로 끝나는 동사.

예 起きる(일어나다)　　寝る(자다)　　食べる(먹다)
　　okiru　　　　　　　neru　　　　　taberu

3그룹동사

활용이 불규칙해서 변격동사라고도 합니다. '무조건 외운다!' 가 규칙인 동사죠. 하지만「来る(오다)」,「する(하다)」둘 뿐이니까 안심하세요. 단,「勉強する(공부하다)」처럼「~する」로 끝나는 동사도 여기에 해당하지요. 이 때「する」앞의 명사를 동작성 명사라고 해요.

동사의 ます형

동사원형에「ます」를 붙여서 동사를 존댓말로 만듭니다. 우리말로 해석하면 '~(ㅂ)니다'란 뜻의 정중한 표현이 되는 거죠. 이제까지 배운 명사와 형용사는 존댓말을 만들 때「です」를 붙였지만 동사는「ます」를 붙여서 존댓말을 만든답니다. 이 때 동사는 동사의 종류에 따라「ます」에 접속하는 방법이 달라지는데「ます」가 올 때 바뀌는 형태를「동사의 ます형」이라고 합니다.「동사의 ます형」은 동사 활용에서 가장 기본적인 활용으로 반복·습관적 동작이나 작용, 일반적인 진리, 가까운 미래의 동작 등을 나타냅니다. 다음은 동사를 ます형으로 바꾸는 방법입니다.

1그룹동사

끝음인 [u]음을 [i]로 바꾼 후「ます」를 붙인다.

	활용규칙	동사 ⑩				
기본형	~u	かう	いく	やすむ	はじまる	ある
정중형	~i ます	かいます	いきます	やすみます	はじまります	あります

2그룹동사

끝의「る」를 떼고「ます」를 붙인다.

	활용규칙	동사 ⑩				
기본형	~i/e る	おきる	ねる	たべる	はじめる	いる
정중형	~i/e ます	おきます	ねます	たべます	はじめます	います

3그룹동사

특별한 규칙이 없으므로 그냥 외우세요.

기본형	くる	する	べんぎょうする
정중형	きます	します	べんきょうします

그럼 이제 ます형의 시제 활용에 대해서 살펴보도록 하죠.「~ます」의 부정 표현은「~ます」대신에「~ません(~지 않습니다)」을 붙이면 되죠. 또한 과거형은「~ました(~(ㅆ)습니다)」를, 과거 부정 표현은「~ませんでした(~지 않았습니다)」를 붙이면 됩니다. 그럼 아래의 표를 통해서 정리해 볼까요?

현 재	**긍 정**	~(ㅂ)니다	~ます	やすみます	たべます
	부 정	~지 않습니다	~ません	やすみません	たべません
과 거	**긍 정**	~(ㅆ)습니다	~ました	やすみました	たべました
	부 정	~지 않았습니다	~ませんでした	やすみませんでした	たべませんでした

03 〔시간〕に ~에

5과에서 소재지를 나타낼 때 「に」를 쓴다고 한 것 기억나세요? 여기서는 시각, 요일, 날짜 등 시간을 나타내는 말에 붙어 우리말의 '~에'로 해석되는 용법에 대해서 살펴보도록 하죠.

- 授業は　何時に　始まりますか。수업은 몇 시에 시작됩니까?
- 今朝、6時半に　起きました。오늘 아침, 6시 반에 일어났습니다.

04 〔장소〕へ／に ~(으)로/에

행선지를 나타낼 때는 그 장소를 나타내는 단어에 조사 「へ」 또는 「に」를 붙이면 됩니다. 둘 다 거의 같은 의미로 쓰이지만 「へ」는 방향성을, 「に」는 목적지·도착지를 나타내는 쪽이 더 강하다고 할 수 있어요.

- これから　どこへ／に　行きますか。이제부터 어디로 갑니까?
- 何時に　家へ／に　帰りますか。몇 시에 집에 돌아갑니까?
- 土曜日も　ここへ／に　来ますか。토요일도 여기에 옵니까?

05 〔수단〕で ～(으)로

조사 「で」도 「に」와 같이 여러 의미로 사용되므로 주의를 요하는 조사 중 하나인데요. 여기서는 수단이나 방법을 나타내는 경우에 대해서 알아보도록 하죠.

- 何で 行きますか。 무엇으로 갑니까?

- いつもは 車で 帰ります。でも、昨日は 地下鉄で 帰りました。

  평소에는 차로 돌아갑니다. 하지만, 어제는 지하철로 돌아갔습니다.

- インターネットで 勉強します。 인터넷으로 공부합니다.

06 ～を ～을/를

「を」는 우리말의 '～을/를'에 해당하는 목적격조사입니다. 다음의 예문을 통해 확인해 볼까요?

- A：お酒を 飲みますか。 술을 마십니까?

  B：いいえ、お酒は 飲みません。 아니요, 술은 마시지 않습니다.
- 今朝、新聞を 読みましたか。 오늘 아침에 신문을 읽었습니까?
- 昨日は テレビを 見ませんでした。 어제는 TV를 보지 않았습니다.

07 〔장소〕で ～에서

조사 「で」는 위의 5번에서 배운 수단을 나타낼 때의 의미 이외에도 동작의 장소를 나타낼 때 씁니다. 「に」와 혼돈하기 쉬우므로 주의를 요하지요. 구별하는 방법은 「で」가 동작의 장소를 나타내는데 비해서 「に」는 존재의 장소를 나타냅니다.

- どこで　服を　買いますか。어디에서 옷을 삽니까?
- 本屋で　友達に　会います。서점에서 친구를 만납니다.
- 子供の　時は　公園で　よく　遊びました。어렸을 때는 공원에서 자주 놀았습니다.

08　〜ませんか／ましょう　〜지 않겠습니까/(ㅂ)시다

　상대방에게 무언가를 제안하는 표현으로는 「동사의 ます형＋ませんか(〜하지 않을래요?)」와 「동사의 ます형＋ましょう(〜합시다)」가 있습니다. 「〜ましょう」보다는 「〜ませんか」쪽이 완곡한 표현이라 할 수 있죠. 따라서 회화의 흐름상 「〜ませんか」라고 상대에게 물어본 후에 상대방이 자신의 권유에 동의했다면 「〜ましょう」라고 하는 게 자연스럽습니다.

- A : 今晩、飲みませんか。오늘 밤, 한잔하지 않겠습니까?

  B : ええ。飲みましょう。네, 한잔합시다.

- いっしょに　行きませんか。함께 가지 않겠습니까?

- 今度　いっしょに　食事しませんか。다음에 같이 식사하지 않겠습니까?

그림을 보고 일본어로 옮기세요.

01

㈜ 6時に　起きます。

㈜	①	②	③	④

6:00	8:00	12:00 ～ 1:00	5:00 ～ 6:00	7:00

다음 예와 같이 문장을 만들어 보세요. (2～5번)

02

㈜ 何時・起きる ／ 7時

A：昨日、何時に　起きましたか。

B：7時に　起きました。

① 何時・寝る ／ 12時　　　　② 何時・帰る ／ 8時

③ 何時～何時・働く ／ 9時～7時　　④ 何時～何時・勉強する ／ 4時～6時

03

㈜ 日本語学校・来る ／ バス

A：何で　日本語学校へ　来ますか。

B：バスで　日本語学校へ　来ます。

① 会社・行く ／ バス　　② デパート・行く ／ 車　　③ 家・帰る ／ バスと　地下鉄

04

> 例 お酒(さけ)・飲(の)む ／ はい（いいえ）
>
> A：昨日(きのう)、お酒を　飲みましたか。
>
> B：はい、お酒を　飲みました。（いいえ、お酒は　飲みませんでした。）

① メール・書(か)く ／ はい　　② 音楽(おんがく)・聞(き)く ／ いいえ
③ 日本語(にほんご)・勉強(べんきょう)する ／ はい　　④ ニュース・見(み)る ／ いいえ
⑤ 新聞(しんぶん)・読(よ)む ／ いいえ

05

> 예 明日(あした)、飲む ／ ○(X)
>
> A：明日、飲みませんか。
>
> B：○ ➡ ええ、飲みましょう。（ X ➡ すみません。明日は　ちょっと…。）

① 映画(えいが)を　見る ／ ○　　② 山(やま)に　行(い)く ／ ×
③ 今度(こんど)　いっしょに　食事(しょくじ)する ／ ○

🎧 **06**　내용을 잘 듣고 맞는 것을 고르세요.

55 1. ① 木村(きむら)さんは　家(うち)に　帰(かえ)りました。
　　② 木村さんは　これから　家に　帰ります。
　　③ 木村さんは　今(いま)、ここに　います。

56 2. ① パクさんは　お昼(ひる)を　食(た)べませんでした。
　　② チョンさんは　お昼を　もう　食べました。
　　③ イさんは　お昼を　食べました。

one

당신은 일본인 룸메이트와 함께 살고 있습니다. 집에 돌아와 보니 룸메이트가 당신에게
메모를 남겨 놓았군요. 메모를 잘 읽고 물음에 답해 보세요.

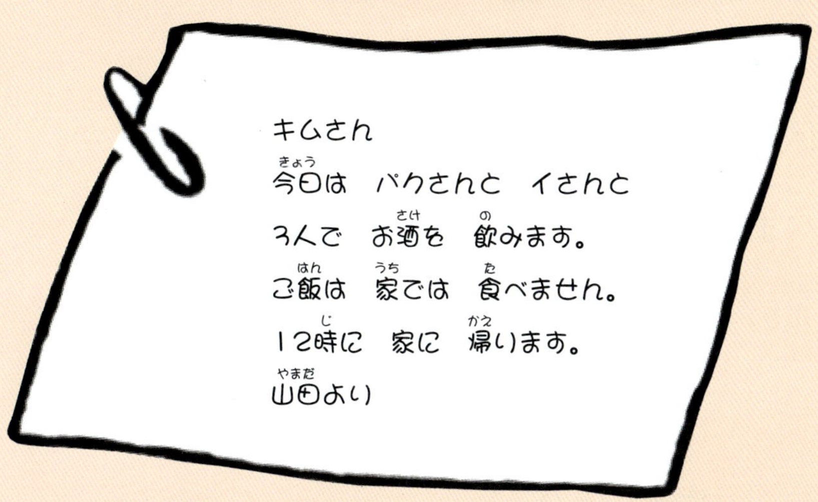

(1) 山田さんは　今日　何を　しますか。

____

(2) 家で　ご飯を　食べますか。

____

(3) 何時に　家へ　帰りますか。

____

New Words

□ がっこう(学校)　학교	□ おんがく(音楽)　음악	□ ちょっと　좀/조금/잠시
□ にほんごがっこう(日本語学校)　일본어 학교	□ きく(聞く)　듣다	□ やま(山)　산
□ メール　이메일	□ ニュース　뉴스	□ ～ね　～군요/네요/죠
□ かく(書く)　쓰다	□ みる(見る)　보다	□ おひる(お昼)　점심

UNIT 07 安くて おいしい 店

1-57•All

회사에서 林와 山田의 남편 이한수가 대화를 하고 있다.

1-58 イ： もう、昼休みですね。お昼、いっしょに 食べませんか。

1-59 林： ええ、食べましょう。

1-60 イ： この ビルの 地下に 安くて おいしい 店が ありますが、どうで すか。

1-61 林： いいですね。行きましょう。

식당 메뉴판을 보며

1-62 林： メニューが たくさん ありますね。この 「ナッチ」は 何ですか。

1-63 イ： 小さい たこです。

1-64 林： そうですか。じゃ、「ナッチポックム」は どんな 料理ですか。

1-65 イ： とても 辛い 料理ですよ。

1-66 林： あ、いいですね。今日は これを 食べます。

New Words

□ひるやすみ(昼休み) 점심 시간
□やすい(安い) 싸다
□おいしい 맛있다
□〜(です・ます)が 〜지만/인데
□どうですか 어떻습니까?

□いい 좋다
□メニュー 메뉴
□たくさん 많이
□ちいさい(小さい) 작다
□たこ 문어

□どんな 어떤
□りょうり(料理) 요리
□とても 매우
□からい(辛い) 맵다

60

벌써 점심 시간이네요.
점심 같이 안 드실래요?
네, 먹죠.

이 빌딩 지하에
싸고 맛 좋은
가게가 있는
데요, 어때요?
좋아요.
가요.

메뉴가 많이 있네요.
이 「낙지」는 뭐예요?
작은 문어예요.

그래요? 그럼,
「낙지볶음」은
어떤 요리예요?
아주 매운
요리예요.

아, 좋네요.
오늘은 이걸
먹겠습니다.

01   ～い＋〔명사〕 명사수식

　일본어의 형용사는 명사를 수식할 때 「～い」형으로 수식하는 イ형용사와 「～な」형으로 수식하는 ナ형용사로 나뉘어져 있는데요. ナ형용사는 8과에서 자세히 공부하기로 하고, 여기에서는 イ형용사에 대해서 살펴보도록 하겠습니다. 먼저 イ형용사의 가장 큰 특징은 어미가 항상 「～い」로 끝난다는 점이에요. 또, 명사를 수식할 때는 기본형인 「～い」형으로 수식하죠.

- いい　天気ですね。 좋은 날씨네요.

- 毎晩、冷たい　ビールを　飲みます。 매일 밤, 시원한 맥주를 마십니다.

- A：どんな　映画ですか。 어떤 영화입니까?

  B：おもしろい　映画です。 재미있는 영화입니다.

02   ～いです　～(ㅂ)니다

　イ형용사의 기본형에 「～です」를 붙여 정중한 표현을 만듭니다. 또한 イ형용사의 기본형은 어간과 어미로 나뉘어지는데요. 예를 들어서 「おいしい(맛있다)」란 イ형용사의 경우 「おいし」를 어간, 「い」를 어미라고 하죠. 우리말에서도 '맛있다', '맛있는', '맛있어서', '맛있었다' 와 같이 형용사의 어미가 변하는 것처럼 イ형용사도 「い」부분만 변하기도 하는데 이것을 イ형용사의 활용이라고 합니다.

- 明日、忙しいですか。 내일 바쁩니까?

- ジェジュドは　景色が　とても　いいです。 제주도는 경치가 매우 좋습니다.

～い ➡ ～く　ありません　～지 않습니다

イ형용사를 부정으로 바꿀 때는 어미「～い」를「～く」로 바꾸고 여기에「ありません」을 붙이면 됩니다. 단, 주의할 점이 한 가지 있는데요. 우리말의 '좋다'란 의미의 イ형용사로「いい」와「よい」두 가지가 모두 쓰이지만 활용할 때는 반드시「よい」만을 활용해야 합니다. 왜냐하면「いい」는 기본형과 명사를 수식할 때만 쓰기 때문이에요.

- 今日は　あまり　寒く　ありませんね。오늘은 별로 춥지 않네요.
- この　服は　デザインが　よく　ありません。이 옷은 디자인이 좋지 않습니다.
- それも　悪く　ありませんね。그것도 나쁘지 않네요.

04

～い ➡ ～くて　～고(문장의 중지)

앞의 イ형용사를 뒤의 말과 연결하거나 원인, 이유를 나타낼 때는 イ형용사의 어미「～い」를 떼어내고「～くて」를 붙이면 됩니다. 우리말로는 '～하고, ～해서'에 해당되죠.

- 私の　友達は　頭が　よくて　かわいいです。

  제 친구는 머리가 좋고 귀엽습니다.
- 先生は　おもしろくて　やさしい　方です。

  선생님은 재미있고 자상한 분입니다.

〔정중형〕＋が　～지만/인데

「が」는 주격조사 이외에도 정중한 표현(～です, ～ます)에 접속하여 앞뒤의 문장을 연결시키거나 의사를 완곡하게 나타낼 때 쓰며 우리말의 '～지만', '～인데'에 해당합니다.

- ちょっと　高_{たか}いですが、おいしいです。

  조금 비싸지만, 맛있습니다.

- ビールは　飲_のみますが、しょうちゅうは　飲みません。

  맥주는 마십니다만, 소주는 마시지 않습니다.

イ形容詞 기본형

おいしい(맛있다)	おもしろい(재미있다)	難_{むずか}しい(어렵다)	忙_{いそが}しい(바쁘다)
大_{おお}きい(크다)	小_{ちい}さい(작다)	高_{たか}い(비싸다)	安_{やす}い(싸다)
寒_{さむ}い(춥다)	暖_{あたた}かい(따뜻하다)	暑_{あつ}い(덥다)	涼_{すず}しい(시원하다)
冷_{つめ}たい(차갑다)	優_{やさ}しい(자상하다)	長_{なが}い(길다)	短_{みじか}い(짧다)
新_{あたら}しい(새롭다)	古_{ふる}い(낡다)	悪_{わる}い(나쁘다)	いい(좋다)
明_{あか}るい(밝다)	暗_{くら}い(어둡다)	広_{ひろ}い(넓다)	狭_{せま}い(좁다)
強_{つよ}い(강하다)	弱_{よわ}い(약하다)	汚_{きたな}い(더럽다)	

다음 예와 같이 문장을 만들어 보세요.

01

> 예 本 / 難しい
>
> A：どんな　本ですか。
>
> B：難しい　本です。

① 映画 / おもしろい　　② 料理 / 辛い　　③ ところ / 暑い
④ 部屋 / 明るい　　⑤ 人 / やさしい

02

> 예 キムさんの　部屋・広い / いいえ、あまり
>
> A：キムさんの　部屋は　広いですか。
>
> B：いいえ、あまり　広く　ありません。

① キムさんの　けいたい・新しい / いいえ、あまり
② 明日の　天気・いい / いいえ、あまり
③ この　本・おもしろい / はい、とても
④ 韓国語・難しい / はい、とても
⑤ 今日・忙しい / いいえ、あまり

03

> 예 今日は　暖かくて　天気が　いいです。
>
> 　　　（暖かい＋天気が　いい）

① 私の　友達は ＿＿＿＿＿＿＿＿＿＿＿＿＿＿＿＿＿＿＿＿ です。

　　　　　　（やさしい＋おもしろい）

② 私の　部屋は ＿＿＿＿＿＿＿＿＿＿＿＿＿＿＿＿＿＿＿＿ です。

　　　　　　（広い＋明るい）

③ この　ビルは ＿＿＿＿＿＿＿＿＿＿＿＿＿＿＿＿＿＿＿ です。
　　　　　　　　　（古い＋汚い）

④ ブサンは ＿＿＿＿＿＿＿＿＿＿＿＿＿＿＿＿＿＿＿ ところです。
　　　　　　　（さしみが　安い＋おいしい）

⑤ この　服は ＿＿＿＿＿＿＿＿＿＿＿＿＿＿＿＿＿＿＿ です。
　　　　　　　　（色が　いい＋かわいい）

04 다음은 무엇을 설명하는 내용일까요? 잘 듣고 아래의 각 번호에 해당되는 그림을 골라 번호를 적어 보세요.

1-67

New Words

□ **ところ** 곳
□ **かんこくご(韓国語)** 한국어
□ **さしみ** 생선회

□ **いろ(色)** 색
□ **あさ(朝)** 아침

イ 형용사 퍼즐입니다. 가로세로에 알맞은 イ 형용사를 넣어서 퍼즐을 완성해 보세요.

											ⓓ↓			ⓕ↓	
										⑥→					ⓖ↓
				③ →	ⓑ↓		ⓒ↓								
		ⓐ↓						④→ⓔ ↓							
	②→							つ							
								よ							
								⑤→ い							
①→ き	た	な	い												

가로 열쇠	세로 열쇠
① 더럽다	ⓐ 크다
② 맛있다	ⓑ 새롭다
③ 따뜻하다	ⓒ 비싸다
④ 차갑다	ⓓ 넓다
⑤ 좋다	ⓔ 강하다
⑥ 시원하다	ⓕ 어렵다
	ⓖ 바쁘다

安い！ おいしい！

일본은 물가가 비싸다？？？ 천만의 말씀. 값싸고 질좋고 맛있는 것들도 많～이 있다구요.
일본에 가면 꼭 한번 맛보세요!

マクドナルド
맥도널드

한국에 없는 것도 많아요! 맛있겠죠?
이것말고도 여러 가지 메뉴, 세트가 있답니다.

（１）チーズバーガー	￥120		（８）ミネストローネ	￥220
（２）ハンバーガー	￥80		（９）ブロッコリースープ	￥220
（３）エッグマックマフィン	￥190		（10）サラダ	￥240
（４）チキンタツタ	￥250		（11）チキンマックナゲット	￥190
（５）ビッグマック	￥250		（12）プチパンケーキ	￥170
（６）てりやきマックバーガー	￥190		（13）クラムチャウダー	￥220
（７）ダブルチーズバーガー	￥220			

세트 메뉴 음료는 무엇으로 ??

세트 메뉴의 마실 것으로 콜라는 물론 환타, 쿠우, 코코아, 스프 등 약 15종류 중에서 자유롭게 고를 수 있어요. 뭘로 할지 고민되죠?

엥? 콜라는 리필이 안 된다구요???

죄송합니다. 일본의 패스트푸드점에서는 음료수 리필이 안 된답니다. 많이 마시고 싶으신 분은 20 엔을 더 내고 L 사이즈로 주문해 주세요.

맥 초이스???

실은 음료수뿐만 아니라 세트 메뉴의 포테이토도 치킨너겟, 미니 핫케이크, 샐러드 등으로 변경할 수 있답니다! 정말로 좋은 서비스죠?

기간한정 상품??

레귤러 메뉴 외에도 지역한정, 기간한정의 특별메뉴도 많이 있어요! 일본에 가시면 꼭 한번 맛보세요!!

다른 가게에 비해서 조금 비싸지만 너무 맛있어서 자꾸만 가게되는 곳. 왜 한국에는 없는 걸까?

▶ 주문을 받은 후 엄선된 야채와 고기로 한 개씩 가게에서 직접 만든답니다. 그래서 맛있죠.

（1）ホットチキンバーガー	￥290
（2）モスバーガー	￥290
（3）ロースカツバーガー	￥300
（4）海老カツバーガー	￥320
（5）チキンバーガー	￥290
（6）プレーンドッグ	￥260
（7）フレッシュバーガー	￥290
（8）てりやきチキンバーガー	￥290

원조! 데리야키 버거

1973년에 발매된 이래, 전세계에서 대인기!

매 ~ 운 메뉴도 제대로 갖춰져 있죠

（1）スパイシーモスバーガー	￥310
（2）スパイシーモスチーズバーガー	
	￥340
（3）チリドッグ	￥290
（4）スパイシーチリドッグ	￥310

엥? 라이스버거도 원조???

1987년에 세계 최초로 등장한 라이스버거. 위에서부터 순서대로 「かきあげ」, 「きんぴら」, 「やきにく」. 가장 인기가 있는 것은 역시 데리야키버거라는군요.

인기 만점 디저트

식사 후는 역시 디저트. 너무 달지 않고, 양도 너무 많지 않으니까 몇 개라도 먹을 수 있죠. 다이어트의 적이기는 하지만…… T-T

UNIT 08

とても　元気な　人です

🎧 1-68•All

김유리가 林의 가족에 대해 묻고 있다.

1-69 キム： 林さんは　何人　家族ですか。

1-70 林 ： 四人　家族です。父と　母と　妹　が　います。

1-71 キム： 妹さんは　学生さんですか。

1-72 林 ： ええ。キムさんと　同い年ですよ。

1-73 キム： へえ。どんな　方ですか。

1-74 林 ： 体は　小さいですが、食べるのが　好きで、とても　元気な　人です。

1-75 キム： 食べるのが　好きですか。お料理も　上手ですか。

1-76 林 ： いいえ、料理は　あまり　上手じゃ　ありません。

New Words

□ かぞく（家族）　가족
□ なんにんかぞく（何人家族）　몇 식구
□ ちち（父）　부친(겸손한 표현)
□ はは（母）　모친(겸손한 표현)

□ いもうと（妹）　여동생
□ いもうとさん（妹さん）　여동생분
□ おないどし（同い年）　동갑
□ からだ（体）　몸

□ すきだ（好きだ）　좋아하다
□ げんきだ（元気だ）　활달하다
□ じょうずだ（上手だ）　잘하다

하야시 씨는
몇 식구예요?

4식구예요.
아버지와 어머니와
여동생이 있어요.

여동생분은
학생이신가요?

예.
김(유리) 씨랑
동갑이에요.

흐음.
어떤 분이세요?

몸은 작지만,
먹는 걸 좋아하고,
아주 활달한
사람이에요.

먹는 걸 좋아하세요?
요리도 잘 하시나요?

아뇨,
요리는 별로
잘 하지 못해요.

01 　〜な + 〔명사〕 명사 수식

　기본형이 「〜だ」로 끝나는 형용사를 ナ형용사라고 합니다. 교재에 따라서는 형용동사 또는 명사형용사라고 하기도 하는데요. 기본형이 「〜だ」로 끝나지만 사전에는 「〜だ」를 뗀 형태로 실려 있습니다.

静か(조용함) 사전형　　　　静かだ(조용하다) 기본형　　　　静かです(조용합니다) 정중형

　ナ형용사가 명사를 수식할 때는 어미인 「〜だ」가 「〜な」로 바뀌는데 이러한 이유로 ナ형용사라는 이름이 생겼답니다.

- A : どんな　ところですか。어떤 곳입니까?

  B : 有名な　ところです。유명한 곳입니다.

- すてきな　人が　いますか。멋진 사람이 있습니까?

- 静かな　喫茶店で　コーヒーを　飲みました。

  조용한 찻집에서 커피를 마셨습니다.

02 　〜だです　〜(ㅂ)니다

　ナ형용사에 「〜です」를 붙여 존댓말을 만들 때에는 어미인 「〜だ(〜하다)」를 떼어내고 「〜です(〜(ㅂ)니다)」를 붙입니다.

- お元気ですか。잘 있었습니까?

- お仕事、大変ですか。일, 힘듭니까?

- 日曜日は　暇です。일요일은 한가합니다.

～だじゃ ありません ～지 않습니다

ナ形容詞の 부정형은 명사의 부정형과 같이 「～じゃ ありません」을 붙여서 만듭니다.

- 私の 部屋は あまり **きれいじゃ ありません。**

  제 방은 별로 깨끗하지 않습니다.

- **ハンサムじゃ ありません**が、やさしくて まじめな 人です。

  잘 생기지는 않았지만, 자상하고 성실한 사람입니다.

04

～が すきです ↔ ～が きらいです ～을/를 좋아합니다 ↔ ～을/를 싫어합니다
～が じょうずです ↔ ～が へたです ～을/를 잘 합니다 ↔ ～을/를 잘 못합니다

다음과 같은 ナ形容詞인 경우에는 목적격조사 「を」를 쓰지 않고 「が」를 쓰는 것에 주의하세요.

好きだ(좋아하다)　　嫌いだ(싫어하다)　　上手だ(잘하다)　　下手だ(서툴다)

- 旅行が **好きです。** 여행을 좋아합니다.
- 歌が **上手です。** 노래를 잘합니다.

05

～だで ～하고(문장의 중지)

ナ形容詞의 중지형은 형용사의 중지형인 「～くて」와 같이 우리말의 '～하고, ～해서'로 번역하며 「～だ」를 떼고 「～で」를 붙입니다.

- ここは 交通が **便利で、**にぎやかな ところです。

  여기는 교통이 편리하고, 번화한 곳입니다.

• 私の　妻は　きれいで、料理が　上手で、やさしくて、すてきな　人です。

제 처는 예쁘고, 요리를 잘하고, 착하고, 매력적인 사람입니다.

06 〔동사의 기본형〕＋ の　～는 것(동사의 명사구)

동사의 기본형 뒤에 「の」를 붙여 그 동사를 사용한 문장을 명사구로 만들 수 있습니다.

• スポーツを　見るのは　好きですが、するのは　好きじゃ　ありません。

스포츠를 보는 것은 좋아하지만, 하는 것은 좋아하지 않습니다.

ナ형용사 기본형

有名だ(유명하다)	親切だ(친절하다)	まじめだ(성실하다)
元気だ(활달하다)	にぎやかだ(번화하다 / 활기차다)	静かだ(조용하다)
暇だ(한가하다)	きれいだ(예쁘다 / 깨끗하다)	便利だ(편리하다)
素敵だ(멋지다/매력적이다)	大変だ(힘들다)	ハンサムだ(잘생기다)
好きだ(좋아하다)	嫌いだ(싫어하다)	上手だ(잘하다)
下手だ(서툴다)		

가족

	나의 가족	남의 가족		나의 가족	남의 가족
할아버지	祖父	おじいさん	여동생	妹	妹 さん
할머니	祖母	おばあさん	남편	主人・夫	ご主人
아버지	父	お父さん	아내	家内・妻	奥さん
어머니	母	お母さん	아이	子・子供	お子さん
형/오빠	兄	お兄さん	딸	娘	娘 さん / おじょうさん
누나/언니	姉	お姉さん	아들	息子	息子さん
남동생	弟	弟 さん	손자/손녀	孫	お孫さん

다음 예와 같이 문장을 만들어 보세요.

01

> （예）学校（がっこう） ／ 有名（ゆうめい）だ
>
> A：どんな　学校ですか。
>
> B：有名な　学校です。

① 人（ひと） ／ まじめだ　　　② ところ ／ にぎやかだ
③ 店（みせ） ／ きれいだ　　　④ 仕事（しごと） ／ 大変（たいへん）だ
⑤ 物（もの） ／ 便利（べんり）だ

02

> （예）デパートの　店員（てんいん）・親切（しんせつ）だ ／ はい、とても
>
> A：デパートの　店員は　親切ですか。
>
> B：はい、とても　親切です。

① キムさんの　友達（ともだち）・ハンサムだ ／ はい、とても

② バスの　中（なか）・静（しず）かだ ／ いいえ、あまり

③ 明日（あした）・暇（ひま）だ ／ はい、とても

④ キムさんの　部屋（へや）・きれいだ ／ いいえ、あまり

⑤ イさん・歌（うた）が　上手（じょうず）だ ／ いいえ、あまり

> 예 ここは　にぎやかで　有名な　ところです。
>
> 　　　（にぎやかだ ＋ 有名だ）

① ＿＿＿＿＿＿＿＿＿＿＿＿＿＿＿＿＿＿＿＿男の　人が　好きです。
　　　　　　（親切だ ＋ おもしろい）

② 私の　兄は＿＿＿＿＿＿＿＿＿＿＿＿＿＿＿＿＿＿人です。
　　　　　　（スポーツが　上手だ ＋ すてきだ）

③ 韓国の　地下鉄は＿＿＿＿＿＿＿＿＿＿＿＿＿＿＿です。
　　　　　　（きれいだ ＋ 便利だ）

④ 昔、私は＿＿＿＿＿＿＿＿＿＿＿＿＿＿＿＿＿子供でした。
　　　　　　（本を　読むのが　好きだ ＋ 歌が　上手だ）

04 각자의 이상형을 이야기합니다. 해당되는 형용사의 기호를 적으세요.

> a. まじめだ　　b. 元気だ　　c. 静かだ　　d. 小さい　　e. 短い
> f. 長い　　　　g. かわいい　　h. やさしい　　i. おもしろい　　j. 上手だ

1-77 **1.** ＿＿＿＿＿＿＿＿＿＿＿＿＿＿＿＿＿＿＿＿＿＿＿＿＿

1-78 **2.** ＿＿＿＿＿＿＿＿＿＿＿＿＿＿＿＿＿＿＿＿＿＿＿＿＿

1-79 **3.** ＿＿＿＿＿＿＿＿＿＿＿＿＿＿＿＿＿＿＿＿＿＿＿＿＿

1-80 **4.** ＿＿＿＿＿＿＿＿＿＿＿＿＿＿＿＿＿＿＿＿＿＿＿＿＿

New Words

□ もの（物）　물건　　　　　　　　　　□ かんこく（韓国）　한국
□ おとこ（男）　남(성별만을 나타냄)　　□ むかし（昔）　옛날(에)
□ おとこのひと（男の人）　남자/남성

ナ形容사 퍼즐입니다. 가로세로에 알맞은 ナ형용사를 넣어서 퍼즐을 완성해 보세요.

ⓐ↓　ⓑ↓　④→ ⓓ↓　ⓔ↓

へ
た
だ

②→

ⓒ↓

③→

①→ に ぎ や か だ

가로 열쇠	**세로 열쇠**
① 번화하다	ⓐ 유명하다
② 힘들다	ⓑ 친절하다
③ 성실하다	ⓒ 한가하다
④ 좋아하다	ⓓ 매력적이다
	ⓔ 서툴다

UNIT 09

漫画の　方が　おもしろかったです 🎧 1-81•All

林와 박준이 어렸을 적 이야기를 하고 있다.

1-82 林 ： もう　すぐ　子供の　日ですね。パクさんは　小さい　時、どんな
子供でしたか。

1-83 パク： 私ですか。そりゃあ　元気で、かわいくて、何でも　上手な　子供で
したよ。

1-84 林 ： はい、はい。私は　漫画を　読むのが　好きで、静かな　子供でした。

1-85 パク： そうでしたか。林さんは　漫画と　アニメと　どちらが　好きでしたか。

1-86 林 ： 漫画の　方が　好きでした。子供の　時は　アニメより　漫画の　方が
おもしろかったです。

1-87 パク： そうでしたか。私は　家で　遊ぶのは　好きじゃ　ありませんでした。
外で　遊ぶのが　いちばん　楽しかったです。

New Words

□ もう　すぐ 금방/곧	□ まんが（漫画） 만화	□ いちばん 제일
□ ちいさい　とき（小さい　時） 어렸을 때	□ アニメ 애니메이션	□ たのしい（楽しい） 즐겁다
□ そりゃあ 그야(물론)	□ ほう（方） 쪽	
□ なんでも（何でも） 뭐든지	□ より ～보다	

이제 곧 어린이 날이네요. 박(준) 씨는 어렸을 때 어떤 아이였나요?

저요? 그야 건강하고, 귀엽고, 뭐든지 잘하는 아이였답니다.

네, 네. 저는 만화 보는 것을 좋아하고, 조용한 아이였어요.
그랬어요? 하야시 씨는 만화랑 애니메이션이랑 어느 쪽을 좋아했나요?

만화 쪽을 더 좋아했어요. 어렸을 적에는 애니메이션보다 만화 쪽이 더 재미있었어요.
マンガ

그랬어요? 저는 집에서 노는 것은 좋아하지 않았어요. 밖에서 노는 것이 제일 즐거웠어요.

01 ～い ➡ ～かったです イ형용사의 과거 긍정

イ형용사의 과거형은 어미 「～い」를 떼어내고 「～かったです」를 붙이면 됩니다. 즉, イ형용사에 과거를 나타내는 조동사 「た」가 붙을 때는 「い」가 「かっ」으로 바뀐다고 생각하면 되는 거죠.

- 今日は　とても　楽しかったです。 오늘은 굉장히 즐거웠습니다.
- 昨日の　合コン、　よかったですか。 어제 미팅, 좋았습니까?

02 ～い ➡ ～く　ありませんでした イ형용사의 과거 부정

イ형용사를 부정으로 바꿀 때 어미 「～い」를 「～く」로 바꾸고 「ありません」을 붙이면 되는거 7과에서 다 공부하셨죠? イ형용사의 부정에 과거를 추가할 때는 여기에 「でした」만 붙이면 돼요. 어때요? 간단하죠!

- 昨日の　映画は　あまり　おもしろく　ありませんでした。

어제 영화는 별로 재미있지 않았습니다.

- 先週は　天気が　よく　ありませんでした。

지난 주는 날씨가 좋지 않았습니다.

03 ～だ ➡ ～でした ナ형용사의 과거 긍정

ナ형용사의 과거형은 기본형인 「～だ(~이다)」를 떼어내고 「～でした(~(씨)습니다)」를 붙입니다.

- A：ホテルは　どうでしたか。 호텔은 어땠습니까?

  B：静かで、　とても　きれいでした。 조용하고, 아주 깨끗했습니다.

04 ～だ ➡ ～じゃ ありませんでした ナ形容사의 과거 부정

ナ形容사를 부정으로 바꿀 때 기본형인 「～だ(～이다)」를 떼어내고 「～じゃ　ありません」을 붙이면 되는거 8과에서 공부하셨죠? ナ形容사의 부정에 과거시제를 추가할 때는 여기에 「でした」만 붙이면 됩니다.

- 今は　キムチが　好きですが、昔は　好きじゃ　ありませんでした。

  지금은 김치를 좋아하지만, 옛날에는 좋아하지 않았습니다.

05 ～と　～と　どちらが　～か ～랑 ～랑 어느 쪽이 ～까?
～の　ほうが～ ～쪽이 더

위의 표현은 두 가지 사물이나 사항을 비교할 때 쓰는 문형입니다. 주의할 점은 이 때 「～方(～쪽)」는 우리말로는 굳이 해석할 필요가 없다는 것입니다. 그래서 그런지 실제로 한국인 학습자 중에는 이런 표현을 쓸 때 「～方(～쪽)」란 말을 빼고 대답하는 사람이 많답니다. 주의해 주세요!

- A：韓国料理と　日本料理と　どちらが　好きですか。

  한식이랑 일식이랑 어느 쪽을 좋아합니까?

  B：韓国料理の　方が　好きです。 한식을 더 좋아합니다.

- A：韓国では、　ホテルと　旅館と　どちらが　安いですか。

  한국에서는 호텔이랑 여관이랑 어느 쪽이 쌉니까?

  B：旅館の　方が　安いです。 여관이 더 쌉니다.

06

〜で＋〔의문사〕＋が　いちばん　〜か　〜에서 〜(의문사)가 가장 〜까?
의문사 ➡ なに／だれ／どこ／どれ／いつ

우리말의 '그 중에서 가장(제일)'이라는 최상급을 나타내는 표현에 해당하는 말로 「〜で いちばん」이란 표현이 있습니다. 여기서의 조사 「〜で」는 앞서 6과에서 배운 수단, 장소를 나타내는 것과 달리 한정의 의미를 나타냅니다. 여기서는 의문사와 최상급의 표현을 이용해 질문하고 답하는 연습을 해 보도록 하겠습니다.

- A : 日本で　どこが　いちばん　にぎやかですか。

  일본에서 어디가 가장 번화합니까?

  B : 東京が　いちばん　にぎやかです。 도쿄가 가장 번화합니다.

- A : 日本料理の　中で　何が　いちばん　有名ですか。

  일식 중에선 뭐가 가장 유명합니까?

  B : すしが　いちばん　有名です。 초밥이 가장 유명합니다.

07

〔의문사〕＋でも　〜든지

「명사＋でも」는 '〜라도', '〜든지'라는 의미를 나타내는데, 명사부분에 의문사가 사용되면 제한이 없음을 나타냅니다.

- 何でも　いいですよ。 뭐든지 좋습니다.

- どこでも　かまいません。 어디든지 상관없습니다.

誰でも (누구든지)　　　　どれでも (어느 것이든지)　　　　いつでも (언제든지)

다음 예와 같이 문장을 만들어 보세요.

01

예）旅行・楽しい ／ はい、とても

A：旅行は　楽しかったですか。

B：はい、とても　楽しかったです。

① 交通・便利だ ／ いいえ、あまり　　② 食べ物・おいしい ／ はい、とても
③ 物価・安い ／ いいえ、あまり　　④ ホテル・きれいだ ／ はい、とても
⑤ 昨日・忙しい ／ いいえ、あまり　　⑥ 仕事・大変だ ／ いいえ、あまり

02

예）日本語・英語・難しい ／ 英語

A：日本語と　英語と　どちらが　難しいですか。

B：英語の　方が　難しいです。

① 日本語・英語・上手だ ／ 英語
② 日本・韓国・寒い ／ 韓国
③ ビール・しょうちゅう・好きだ ／ ビール
④ コーヒー・お茶・いい ／ コーヒー
⑤ 地下鉄・バス・便利だ ／ バス

03

예）韓国・どこ・きれいだ

➡ 韓国で　どこが　いちばん　きれいですか。

① 一年の　中・いつ・忙しい　　② 韓国料理の　中・何・おいしい
③ スポーツの　中・何・上手だ　　④ 歌手の　中・誰・好きだ
⑤ この　中・どれ・いい

04 내용을 잘 듣고 다음 질문에 답하세요.

1-88 **1. どちらが　おもしろいですか。**

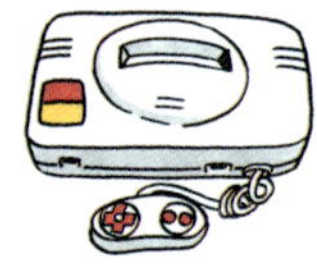

1-89 **2. どちらが　便利ですか。**

1-90 **3. 今は　どちらが　好きですか。**

1-91 **4. 今は　どちらが　下手ですか。**

1-92 **5. どちらが　いいですか。**

New Words

□ たべもの（食べ物）　음식
□ ぶっか（物価）　물가
□ にほん（日本）　일본
□ おちゃ（お茶）　차(주로 녹차)

□ いちねん（一年）　일년
□ かしゅ（歌手）　가수
□ まえ（前）　전에

Power UP

다음은 김유리 씨가 일본인 친구 무라카미 씨에게 보낸 이메일입니다. 내용을 잘 읽고 물음에 답해 보세요.

送信	下書きとして保存	スペルチェック	キャンセル

メールアドレスを入力または<u>アドレスブック</u> から選ぶか、<u>ニックネーム</u> を入力してください〈あて先は半角カンマで区切ってくだ

To: murakami@sisa.net

Cc: お元気ですか。　　　　　　　　　　**Bcc:**

件名:

添付: [<u>ファイルを添付</u>]

村上さんへ

　昨日、友達と　ミョンドンへ　行きました。　昨日は　天気がよくて、人が　多かったです。　とても　にぎやかでした。私は　ミョンドンで　服を　買いました。昼には　友達とビビンバを　食べました。ビビンバは　安くて　おいしかったです。　歩くのは　大変でしたが　とても　楽しかったです。今度村上さんも　いっしょに　行きましょう。

□署名を入れる　　　　　□ HTMLタグを許可する[<u>プレビュー</u>]

オプション:　□メールの送信後、**送信済みメール**フォルダにメールのコピーを保存する

two

다음에서 김유리 씨의 글과 일치하는 것을 골라보세요.

(1) ミョンドンは ［ 静かな ／ にぎやかな ］ ところです。

(2) ビビンバは ［ 安くて　おいしい ／ 高くて　おいしく　ない ］ 料理です。

(3) 昨日は　天気が ［ おもしろくて ／ よくて ／ 元気で ］ 人が ［ いません。 ／ たくさん　いました。 ／ 小さいでした。 ］

Program 2

UNIT 10

ゆっくり　休みたいです

2-01・All

박준과 林가 여름 휴가 계획을 세우고 있다.

2-02 パク：会社の　夏休みは　いつからですか。

2-03 林：再来週の　土曜日からです。

2-04 パク：私と　同じですね。どこか　遊びに　行きませんか。

2-05 林：行きたいです。キムさんも　さそいませんか。

2-06 パク：ええ、そうしましょう。どんな　ところが　いいですか。

2-07 林：うーん。静かな　ところが　いいですね。きれいな　自然の　中で、

ゆっくり　休みたいです。

2-08 パク：いいですね。

2-09 林：おいしい　焼き肉と　冷たい　ビールも　ほしいですね。

2-10 パク：じゃ、山で　キャンプを　するのは　どうですか。

2-11 林：あ、それ、いいですね。

New Words

- かいしゃ（会社）회사
- なつやすみ（夏休み）여름 휴가
- さらいしゅう（再来週）다다음 주
- おなじだ（同じだ）같다（동일하다）
- さそう　（함께 하기를）권유하다
- そう　그렇게
- しぜん（自然）자연
- ゆっくり　느긋하게/천천히
- ゆっくり　やすむ（ゆっくり　休む）느긋하게 쉬다
- やきにく（焼き肉）불고기
- キャンプ　캠프

회사 여름 휴가는
언제부터예요?

다다음 주
토요일부터예요.

저하고 같네요.
어딘가 놀러
가지 않을래요?

가고 싶어요.
김(유리) 씨도
함께 가자고
할까요?

음~. 조용한 곳이 좋겠
군요. 깨끗한 자연
속에서 느긋하게
쉬고 싶어요.

좋네요.

맛있는 불고기 하
고 시원한 맥주도
있었음 해요.

네, 그렇게 하죠.
어떤 곳이
좋으세요?

그럼, 산에서
캠프를 하는 것은
어떨까요?

아, 그거
좋네요.

01　〜が　ほしい　〜이/가 갖고 싶다, 〜을/를 원한다

　「〜が　ほしい」는 '〜을/를 갖고 싶다, 〜이/가 필요하다'란 의미로 말하는 사람의 소유하고 싶은 욕구를 표현하는 말입니다. 주로 1인칭 또는 2인칭에 사용되는데, 3인칭에 쓸 경우에는 「〜を　ほしがる(〜을/를 가지고 싶어하다)」로 표현한답니다. 그러고 보니 「ほしい」는 끝이 「い」로 끝나네요. 따라서 イ형용사라고 생각하면 되겠죠? 아참! 「ほしい」 앞에는 조사 「が」가 온다는 것에 주의하세요.

- 私は　お金は　あまり　ほしく　ありません。時間が　ほしいです。

  저는 돈은 별로 갖고 싶지 않습니다. 시간을 갖고 싶습니다.

- 子供の　時は、ペットが　とても　ほしかったです。

  어렸을 때는 애완동물이 너무 갖고 싶었습니다.

02　[동사의 ます형]＋たい　〜(하)고 싶다

　「〜たい」는 「동사의 ます형」에 붙어 '〜(하)고 싶다'란 뜻을 나타내는 조동사인데요, 단독으로는 쓰이지 않고 언제나 「동사의 ます형」에 접속하여 イ형용사처럼 활용합니다. 위의 「ほしい」와 마찬가지로 1인칭 또는 2인칭에 사용되며 3인칭인 경우에는 「〜を　〜たがる(〜을/를 〜(하고) 싶어하다)」로 표현합니다.

- お腹が　すきました。何か　食べたいですね。배가 고픕니다. 뭔가 먹고 싶군요.
- 学生の　時は、早く　卒業したかったです。학생 때는 빨리 졸업하고 싶었습니다.
- 冷たい　ビールが　飲みたいです。찬 맥주가 마시고 싶습니다.
- 週末は、どこへも　行きたく　ありません。家で　ゆっくり　休みたいです。

  주말에는 아무데도 가고 싶지 않습니다. 집에서 느긋하게 쉬고 싶습니다.

03 〔동사의 ます형〕＋に　行く（来る／帰る）　～(하)러 가다(오다/돌아가다)

　　조사「に」는 여러 역할을 하는데요. 여기서는 앞서 1권의 6과에서 학습한 '시간' 또는 '장소'를 나타내는 용법 이외에 목적을 나타낼 때의 용법에 대해서 살펴보도록 하죠.「동사의 ます형」뒤에 목적의 의미를 나타내는 조사「に」를 붙이면 우리말의 '～하러'에 해당하는 동작의 목적을 나타내게 된답니다. 이동의 목적을 나타내기 때문에 술어에는 당연히「行く(가다), 来る(오다), 帰る(돌아오다)」등의 동사가 뒤따라 오겠죠.

- どこか　遊びに　行きませんか。어딘가 놀러 가지 않겠습니까?
- 忘れ物を　取りに　帰ります。(집에) 두고 온 물건을 가지러 돌아갑니다.
- ここへ　何を　しに　来ましたか。여기에 무엇을 하러 왔습니까?

04 〔동작성 명사〕＋に　行く／来る　～하러 가다/오다

　　「동작성 명사」뒤에 앞에서 배운 목적을 나타내는 조사「に」를 붙여 동작의 목적을 나타내기도 합니다.「동작성 명사」란 쉽게 말해 어떤 명사를 떠올렸을 때 움직임을 느낄 수 있는 명사를 말합니다. 예를 들어 식사, 쇼핑, 공부 등이 해당하는데요, 이런 명사들은 단어 자체에 '그 동작을 행하다' 라는 의미가 포함되어 있답니다.

- いっしょに　食事に　行きませんか。함께 식사하러 가지 않겠습니까?
- 今年の　夏休みには、日本へ　旅行に　行きたいです。

　올해 여름 방학에는 일본으로 여행가고 싶습니다.

- 来週から　出張に　行きます。다음 주부터 출장갑니다.
- 昨日、デパートへ　買い物に　行きました。어제 백화점에 쇼핑하러 갔습니다.

다음 예와 같이 문장을 만들어 보세요.

01

예 新しい　車

Q：今、何が　ほしいですか。

A：新しい　車が　ほしいです。

①  パソコン

② 時間

③  仕事

④  お金

⑤ 恋人

02

예 テレビゲーム

Q：子供の　時、何が　ほしかったですか。

A：テレビゲームが　ほしかったです。

① 人形　　　　　　　　　　② 弟
③ 私の　部屋　　　　　　　④ ペット

03

예 一日中　寝る

Q：休みの　日に　何が　したいですか。

A：一日中　寝たいです。

① おいしい　物を　食べる　　　② 映画を　見る
③ 恋人に　会う　　　　　　　　④ 漫画を　読む
⑤ 旅行に　行く

04

① ビデオを　借りる　　② 本を　返す　　③ お金を　下ろす　　④ 友達の　お見舞い

05

㉕ 山登り

A：明日、山登りに　行きませんか。

B：いいですね。行きましょう。

① 買い物　　　　　　　　　② お酒を　飲む
③ 映画を　見る　　　　　　④ おいしい　物を　食べる

06

㉕ 旅行

➡ 日本へ　旅行に　行きたいです。

① サッカーの　試合を　見る　　　② おいしい　ラーメンを　食べる
③ ゲーム・ソフトを　買う　　　　④ 友達に　会う

  내용을 잘 듣고 예와 같이 답해 보세요.

> 예 郵便局で　手紙を　出しました。

① 図書館で＿＿＿＿＿＿＿＿＿＿＿＿＿＿＿＿＿ました。

② 喫茶店で＿＿＿＿＿＿＿＿＿＿＿＿＿＿＿＿＿ました。

③ デパートで＿＿＿＿＿＿＿＿＿＿＿＿＿＿＿＿＿ました。

④ 友達の　家で＿＿＿＿＿＿＿＿＿＿＿＿＿＿＿ました。

New Words

- にんぎょう(人形)　인형
- いちにちじゅう(一日中)　하루 종일
- ビデオ　비디오
- かりる(借りる)　빌리다
- かえす(返す)　반납하다/돌려 주다
- おろす(下ろす)　(돈 따위를) 찾다/(아래로) 내리다
- おかねを　おろす(お金を　下ろす)　(계좌에서) 돈을 찾다
- おみまい(お見舞い)　병문안
- やまのぼり(山登り)　등산
- サッカー　축구
- しあい(試合)　시합

- ゲーム・ソフト　게임 소프트
- いろいろだ(色々だ)　여러 가지다
- こと　일/사항
- まず　우선
- てがみ(手紙)　편지
- だす(出す)　내다/꺼내다
- ゆうびんきょく(郵便局)　우체국
- それから　그리고 나서
- すぐ　곧바로
- あと(後)　후

다음 글을 읽고 내용과 일치하는 것을 고르세요.

> 明日は　金曜日ですが　休みです。　明日から　日曜日まで　3日間　仕事を　休みます。　それで　友達と　山で　キャンプを　します。　山で　冷たい　ビールを　飲みたいです。　山で　本を　読みたいです。　きれいな　自然の　中で　ゆっくり　休みたいです。　おいしい　食べ物と　デザートも　食べたいです。
>
> 明日の　朝、　友達と　スーパーへ　買い物に　行きますから、　今から　銀行へ　お金を　下ろしに　行きます。　明日は　朝　早く　出かけますから　今日は　早く　寝ます。

(1)

今日は ┌ 金曜日 ┐
　　　 │ 土曜日 │ です。
　　　 └ 木曜日 ┘

(2)

休みの　日には ┌ 家で　ゆっくり　休みたいです。┐
　　　　　　　 │ 買い物に　行きたいです。　　　│
　　　　　　　 └ 遊びに　行きます。　　　　　　┘

(3)

スーパーへ　買い物に　行きますから ┌ 会社へ　行きます。　　　　　┐
　　　　　　　　　　　　　　　　　　│ お金を　下ろしに　行きます。│
　　　　　　　　　　　　　　　　　　└ お昼を　食べに　行きません。┘

＊それで：그래서　　＊出かける：나가다, 외출하다

プレゼントを　あげます

2-13・All

林와 山田의 남편 이한수가 집 앞에서 만나 이야기를 하고 있다.

2-14 林：それ、何ですか。

2-15 イ：プレゼントです。親戚に　もらいました。

2-16 林：誕生日でしたか。

2-17 イ：いいえ、韓国では　チュソクに、親戚や　知り合い　などに　プレゼント
を　あげます。

2-18 林：あ！　日本の　お中元と　同じですね。

2-19 イ：そうですか。　日本では　何を　あげますか。

2-20 林：缶詰めや　ハム　などを　あげます。

New Words

□プレゼント 선물	□しりあい（知り合い） 아는 사람	□ハム 햄
□チュソク 추석	□おちゅうげん（お中元） 음력 7월 15일, 조상을 기리는 날	□～や ～(이)나
□しんせき（親戚） 친척	□かんづめ（缶詰め） 통조림	□～など ～등

그거 뭐예요?

선물이에요.
친척에게 받았어요.

생일이었군요?

아뇨, 한국에서는
추석 때 친척이나
아는 사람 등에게
선물을 줘요.

아! 일본의
오츄겐과 같군요.
그래요?
일본에서는
무엇을 주나요?

ハム
ハム
통조림이나
햄 등을 줍니다.

01　～に　～を　あげる (다른 사람)에게 ～을/를 주다

　여기서는 우리말의 '주다, 받다'와 같이 무언가를 주고 받을 때 쓰는 표현, 즉 수수(授受)표현에 대해서 살펴보도록 하겠습니다. 일본어의 수수표현은 우리말과 거의 비슷하게 쓰이는데요, 먼저「あげる」에 대해서 살펴보도록 하죠. 일본어에서 '주다' 라는 말은 누가 주고 누구에게 주느냐에 따라 사용하는 동사가 다릅니다. 「あげる」는 기본적으로 내가 남에게, 또는 제3자가 제3자에게 무언가를 건네줄 때 쓰는 표현입니다.

- 私は　母に　カーネーションと　きれいな　カードを　あげました。

  저는 어머니에게 카네이션과 예쁜 카드를 주었습니다.

- 恋人に　手作りの　ケーキを　あげたいです。

  애인에게 직접 만든 케이크를 주고 싶습니다.

02　～に(から)　～を　もらう (다른 사람)에게서 ～을/를 받다

　우리말에서는 '다른 사람이 나(또는 우리 그룹)에게 무언가를 주었다' 라고 말하지만, 일본어에서는 이 표현보다는 '내가(또는 우리 그룹이) 다른 사람에게서 무언가를 받았다' 라는 표현을 더 자주 사용합니다.

- 高校生の　時まで、私は　母に　お小遣いを　もらいました。

  고등학교 때까지, 저는 어머니에게서 용돈을 받았습니다.

- キムさんは　会社から　ボーナスを　もらいました。

  김○○ 씨는 회사로부터 보너스를 받았습니다.

～に　～を　くれる　(다른 사람이 나 또는 우리 그룹)에게 ～을/를 주다

「くれる」는 기본적으로 다른 사람이 나 또는 우리 그룹(나와 관련된 사람 = 가족이나 회사 동료 등)에게 무언가를 줄 때 쓰는 표현입니다. 따라서 「くれる」란 말 자체에 '타인이 나에게'란 의미가 포함되어 있기 때문에 굳이 「私に (나에게)」란 말을 쓰지 않아도 된다는 점 알아두세요. '일본어로는 '주다'가 두 개인가?' 라고 헷갈려 하시는 분들이 더러 계신데요, 「あげる」는 '내가 남에게 주다', 「くれる」는 '남이 나에게 주다' 라고 기억하면 헷갈리지 않고 기억하기 쉽답니다.

- 昨日、友達が　（私 に）　映画の　チケットを　くれました。

  어제, 친구가 (나에게) 영화 티켓을 주었습니다.

- 友達が　私の　妹 に　人形を　くれました。

  친구가 내 여동생에게 인형을 주었습니다.

04

あげる　(다른 사람에게) 주다
もらう　(다른 사람에게서) 받다
くれる　(다른 사람이 나 또는 우리 그룹에게) 주다

1. [나 ⇔ 남]

- 私は ＝（本を　あげる）➡ 田中さん

  나는　　　책을 준다　　　다나카 씨(에게)

- 私は ⬅（花を　もらう）＝ 田中さん

  나는　　　꽃을 받는다　　다나카 씨(에게)

- 田中さんは ＝（花を　くれる）➡ 私

  다나카 씨는　　　꽃을 준다　　　나(에게)

2. 〔우리 그룹 ⇔ 남〕

- 私の　弟は ▬ （CDを　あげる）➡ 田中さん

  내 남동생은　　　　　CD를 준다　　　다나카 씨(에게)

- 私の　弟は ⬅ （ペンを　もらう）▬ 田中さん

  내 남동생은　　　　펜을 받는다　　　다나카 씨(에게)

- 田中さんは ▬ （ペンを　くれる）➡ 私の　弟

  다나카 씨는　　　　펜을 준다　　　　내 남동생(에게)

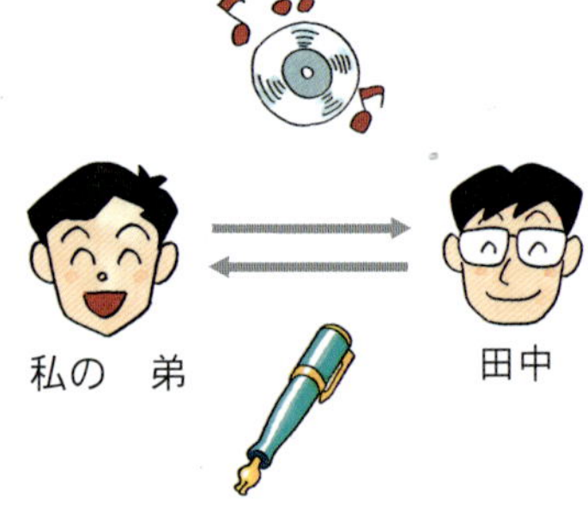

3. 〔남 ⇔ 남〕

- キムさんは ▬ （ネクタイを　あげる）➡ 田中さん

  김○○ 씨는　　　　넥타이를 준다　　　다나카 씨(에게)

- 田中さんは ⬅ （ネクタイを　もらう）▬ キムさん

  다나카 씨는　　　　넥타이를 받는다　　　김○○ 씨(에게서)

Check Point

01 다음 그림을 보고 예와 같이 ① ~ ⑨번의 문장을 완성하세요.

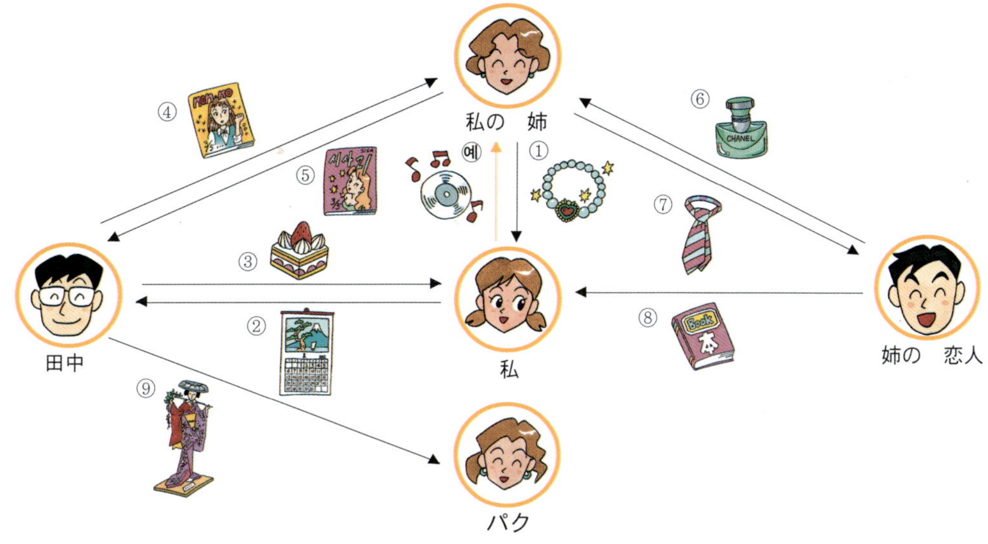

> ㈜ 私は　姉に　CDを　あげました。

① ________________________   ② ________________________
③ ________________________   ④ ________________________
⑤ ________________________   ⑥ ________________________
⑦ ________________________   ⑧ ________________________
⑨ ________________________

02 당신이 1번 그림의 「私」가 되어서 대답해 보세요.

> ㈜ ネックレスは　誰が　くれましたか。 ➡ 姉が　くれました。

① ケーキは　誰に　もらいましたか。 ➡ ________________________。

② 本は　誰が　くれましたか。 ➡ ________________________。

③ 誰が　あなたの　お姉さんに　日本の　雑誌を　くれましたか。

　➡ ________________________。

④ お姉さんの　恋人は　誰に　ネクタイを　もらいましたか。

　➡ ____。

⑤ 誰が　あなたの　お姉さんに　香水を　くれましたか。

　➡ ____。

2-21　🎧 **03**　이씨 부부가 받은 선물과 준 선물을 상대방과 연결해서 화살표로 표시하세요.

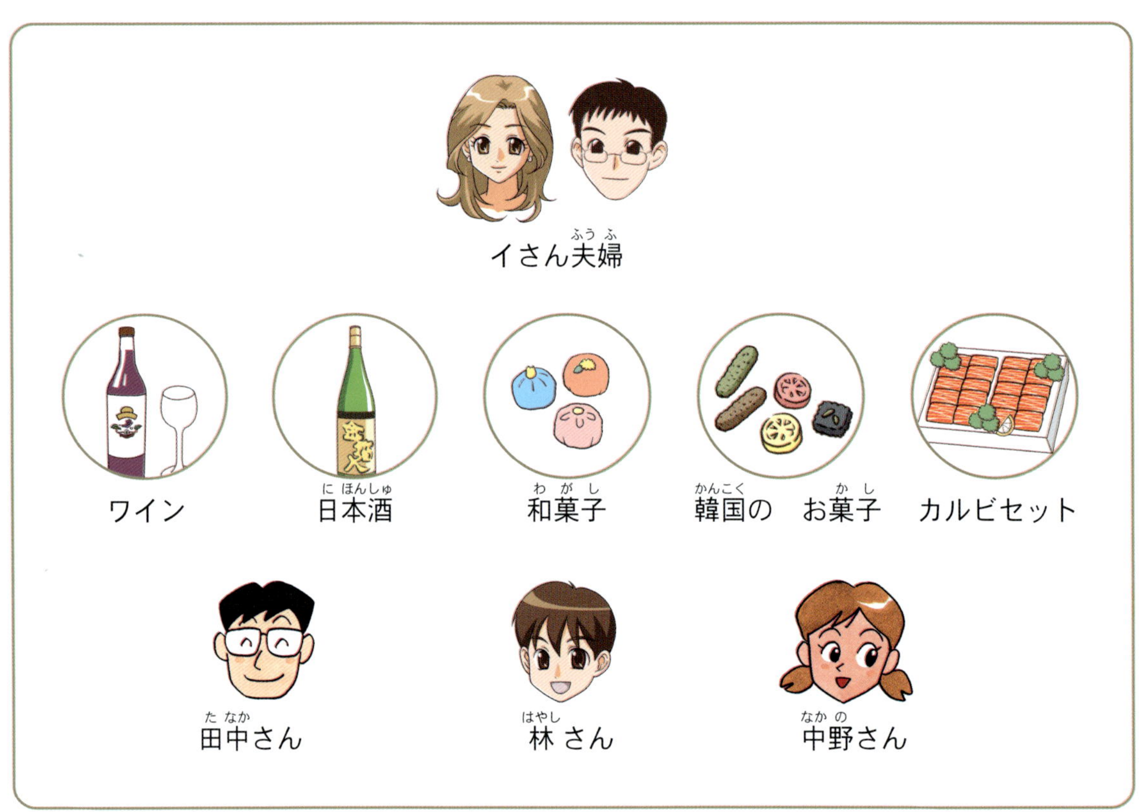

New Words

- □ ネックレス　목걸이
- □ こうすい（香水）　향수
- □ ふうふ（夫婦）　부부
- □ ワイン　와인
- □ にほんしゅ（日本酒）　일본 술, 정종
- □ おかし（お菓子）　과자
- □ ただいま　다녀왔습니다(인사말)
- □ この　まえ（この　前）　저번에
- □ わるいですね（悪いですね）　미안하네요

Power UP

다음 내용을 잘 읽고 질문에 답해 보세요.

> 　林さんは　今年の　4月に　韓国に　来ました。そして　イさんに　テレビを　もらいました。山田さんに　パソコンを　もらいました。パクさんに　テーブルを　もらいました。会社から　車を　借りました。林さんは　みんなに　日本の　お菓子を　あげました。
>
> 　林さんは　夏休みに　日本へ　帰ります。それで　今日　会社に　車を　返しました。会社の　人に　テレビと　パソコンを　あげました。でも　テーブルは　あげませんでした。テーブルは　キムさんが　ほしいと　いいましたから　キムさんに　あげます。

1. 누구에게 무엇을 받았습니까? 바른 것끼리 선으로 연결해 보세요.

(1) 山田さん　・　　　　　・　パソコン

(2) イさん　・　　　　　・　テーブル

(3) パクさん　・　　　　　・　テレビ

2. 다음 문장을 읽고 위의 내용과 일치하면 ○, 틀리면 ×표를 하세요.

(1) (　　　) 林さんは　テーブルを　会社の　人に　あげました。

(2) (　　　) キムさんは　テレビが　ほしいと　いいました。

(3) (　　　) 山田さんは　林さんに　テレビを　あげました。

(4) (　　　) イさんは　林さんに　日本の　お菓子を　もらいました。

* 정중형＋から : ～(이)기 때문에

UNIT 12 雨が 降って いますね

2-22•All

박준이 林의 사무실에 가기 위해, 林의 사무실에 전화를 하고 있다.

2-23 パク： もしもし、林さん？　パクです。

2-24 林　： ああ、パクさん。今、駅ですか。

2-25 パク： はい、今、1番　出口に　います。

2-26 林　： じゃ、2番　出口まで　行って　ください。

2-27 パク： 2番　出口…。あ、ありました。

2-28 林　： じゃ、そこを　出て、まっすぐ　歩いて　ください。

2-29 パク： はい。あれ？　雨が　降って　いますね。

2-30 林　： 傘、ありますか。

2-31 パク： いいえ、ありません。

2-32 林　： そうですか。じゃ、そこで　少し　待って　いて　ください。迎えに　行きますから。

New Words

- □ ～ばん（番）　～번
- □ でぐち（出口）　출구
- □ でる（出る）　나가다/나오다
- □ まっすぐ　곧장
- □ あるく（歩く）　걷다
- □ あめ（雨）　비
- □ ふる（降る）　내리다
- □ あめが　ふる（雨が　降る）　비가 오다
- □ すこし（少し）　조금
- □ まつ（待つ）　기다리다
- □ むかえる（迎える）　맞이하다
- □ むかえに　いく（迎えに　行く）　마중 가다

여보세요, 하야시 씨? 박(준)이에요.
네, 지금 1번 출구에 있어요.
아~, 박(준) 씨. 지금 역이에요?

그럼, 2번 출구까지 가세요.
2번 출구……. 아, 있네요.
그럼, 그곳을 나와서 곧장 걸으세요.

네. 어라? 비가 오고 있네요.
우산 있어요?

아뇨, 없어요.
그래요? 그럼, 거기서 잠시 기다려 주세요. 마중 갈 테니까.

01 동사의 て형

　　여기서는 「동사의 て형」에 대해서 살펴보도록 하겠습니다. 「동사의 て형」이란 쉽게 말해 「て」 또는 「で」로 끝나는 동사의 형태를 말합니다. 중요한 것은 1그룹동사에서 음편(音便)이란 현상이 일어난다는 것인데요, 음편이란 말 그대로 발음을 편하게 하기 위해서 앞의 음이 일정한 규칙으로 바뀌는 것을 말한답니다. 예를 들어 「あう(만나다)」에 「て」가 붙으면 발음을 쉽게 하기 위해서 「あって」로 바뀌는 현상을 말하죠. 그럼 「동사의 て형」을 만드는 법에 대해서 살펴보도록 하겠습니다.

1그룹동사
- 기본형이 「う・つ・る」로 끝나는 경우 「て」를 붙이면 「う・つ・る」가 「っ」로 바뀐다.
- 기본형이 「ぬ・ぶ・む」로 끝나는 경우 「て」를 붙이면 「ぬ・ぶ・む」가 「ん」으로 바뀌고 「て」는 「で」로 바뀐다.
- 기본형이 「く」로 끝나는 경우 「て」를 붙이면 「く」가 「い」로 바뀐다.
- 기본형이 「ぐ」로 끝나는 경우 「て」를 붙이면 「ぐ」가 「い」로 바뀌고 「て」는 「で」로 바뀐다.
- 기본형이 「す」로 끝나는 경우 「て」를 붙이면 「す」가 「し」로 바뀐다.

2그룹동사　「る」를 떼고 「て」를 붙인다.

3그룹동사　する(하다) → して　　　来る(오다) → 来て

▶ 단 「行く(가다)」는 예외로 「行いて」가 아니라 「行って」가 되는 것에 주의하세요! 어때요? 정리가 되었나요? 그럼 표를 통해 다시 한 번 정리해 볼까요?

1그룹 동사	あう ➡ あって まつ ➡ まって とる ➡ とって	しぬ ➡ しんで のむ ➡ のんで あそぶ ➡ あそんで	2그룹 동사	みる ➡ みて たべる ➡ たべて
	かく ➡ かいて およぐ ➡ およいで はなす ➡ はなして	*いく ➡ いって	3그룹 동사	くる ➡ きて する ➡ して べんきょうする ➡ べんきょうして

02 〔동사의 て형〕 ～て(で)、～ ～(하)고~

「동사의 て형」의 의미에 대해서 살펴보도록 하죠. 두 개 이상의 동작이 연이어 일어나서 그 동작을 이어서 말할 때 「동사의 て형」을 써서 나열합니다. 우리말로는 '~하고, ~해서' 에 해당되죠.

- 朝 起きて、 シャワーを 浴びて、 すぐ 家を 出ました。

  아침에 일어나서, 샤워를 하고, 곧바로 집을 나왔습니다.

- 今日は 家に 帰って、 すぐ 寝たいです。

  오늘은 집에 돌아가서 곧장 자고 싶습니다.

03 〔동사의 て형〕 ～て(で)から、～ ～(하)고 나서 ~

「동사의 て형」에 「から」가 오면 어느 한 동작이 종료된 뒤, 다음 동작이 이루어지는 것을 나타내죠. 여기서 「から」는 「それから(그리고 나서)」가 축약된 형태입니다.

- コーヒーを 一杯 飲んでから、 仕事を 始めます。

  커피를 한 잔 마시고 나서, 일을 시작합니다.

- 車を 止めてから、 私も 行きます。 차를 세우고 나서, 저도 갑니다.

04 〔동사의 て형〕 ～て(で) ください ～(해) 주세요/(하)세요

5과에서 배운 「ください(주세요)」를 기억하세요? 여기서는 「동사의 て형」에 「ください」를 붙여서 무언가를 부탁·요구·지시할 때 쓰는 표현으로 '~(해) 주세요, ~(하)세요'라는 뜻이 됩니다. 주의할 점은 「～て ください」는 지시하는 듯한 느낌이 강해서 정중하게 부탁할 때는 사용하지 않는 것이 좋다는 점이죠. 정중하게 부탁할 때에는 「～て いただけませんか(~(해) 주시지 않겠어요?)」를 쓰는 것이 좋습니다.

• 資料は　メールで　送って　ください。 자료는 메일로 보내 주세요.

• テキストを　読んで　ください。 교재를 읽어 주세요.

05 〔동사의 て형〕 ～て（で）　いる　～(하)고 있다

　　어떤 동작이 지속 중인 것을 나타낼 때는 「동사의 て형」에 「いる(있다)」를 붙여서 만듭니다. 우리말로는 '～(하)고 있다'에 해당되죠. 이 때의 「いる」는 보조동사로 사용되고 있지만 2그룹동사이니까 활용도 2그룹동사로 하면 되겠죠?

• A : 田中さんが　いませんね。 다나카 씨가 없군요.

　B : 田中さんは　外で　たばこを　吸って　いますよ。

　　다나카 씨는 밖에서 담배를 피우고 있습니다.

• 今日は　スーツを　着て　いますね。　お見合いですか。

　오늘은 정장을 입고 있네요. 선 보시나요?

06 〔정중형〕＋から　～(이)기 때문에

　　정중형 「です・ます」 뒤에 「から」를 붙이면 '이유'를 나타낼 수 있습니다. 우리말로는 '～(이)기 때문에, ～(이)니까'로 해석됩니다.

• 昨日は　いい　天気でしたから、　散歩を　しました。

　어제는 좋은 날씨였기 때문에, 산책을 했습니다.

• 今、　プリントして　いますから、　ちょっと　待って　ください。

　지금, 인쇄하고 있으니까, 잠시 기다려 주세요.

다음 예와 같이 문장을 만들어 보세요.

01

例 ここを　教える

➡ すみません。ここを　教えて　ください。

① 窓を　開ける　　　　　② その　ペンを　貸す
③ ちょっと　手伝う　　　④ 急ぐ
⑤ ここで　待って　いる

02

A：もしもし、何を　して　いましたか。
B：勉強して　いました。

例

①

②

③

④

 다음 보기에서 밑줄에 들어갈 알맞은 말을 고르세요.

보기 試験が　あります　　　とても　疲れました　　　頭が　痛いです
　　　時間が　ありません　　　お腹が　いっぱいです　　　お金が　ありません

예　明日、　試験が　ありますから、　今日は　遊びに　行きません。

① ________________________から、急いで　ください。

② ________________________から、もう　食べたく　ありません。

③ ________________________から、薬を　飲みました。

④ ________________________から、どこも　行きません。

⑤ ________________________から、家で　休みたいです。

04　다음 예와 같이 문장을 만드세요.

예　ここを　教える／とても　急ぐ

A：すみませんが、ここを　教えて　ください。
B：すみません。とても　急いで　いますから、今は　ちょっと…。

① ペンを　一本　貸す／私も　使う
② その　新聞を　見せる／まだ　読む
③ 部屋の　掃除を　手伝う／ご飯を　作る
④ この　果物を　洗う／皿を　洗う

05　내용을 잘 듣고 순서대로 적으세요.

①　②　③　④　⑤　⑥

결혼정보 센터에서 오늘 다나카 씨와 선을 볼 상대 여성의 옷차림새를 설명합니다.
다음 중 누구와 선을 볼까요?

①

②

③

New Words

おしえる(教える) 가르치다	いっぱい 가득	おなまえ(お名前) 성함
まど(窓) 창문	くすり(薬) 약	ピンク 핑크
あける(開ける) 열다	つかう(使う) 사용하다	シャツ 셔츠
かす(貸す) 빌려 주다	みせる(見せる) 보여 주다	スカート 스커트
てつだう(手伝う) 거들다/돕다	まだ 아직	はく (하의를) 입다/신다
いそぐ(急ぐ) 서두르다	そうじ(掃除) 청소	ベルト 벨트
さら(皿) 접시	ごはん(ご飯) 밥	サンダル 샌들
あらう(洗う) 씻다	つくる(作る) 만들다	もつ(持つ) 들다
さらを あらう(皿を 洗う) 설거지하다	くだもの(果物) 과일	ピアス 피어스
しけん(試験) 시험	アンケート 앙케이트	バラ 장미
つかれる(疲れる) 피곤하다	まいあさ(毎朝) 매일 아침	はなたば(花束) 꽃다발
いたい(痛い) 아프다	おんな(女) 여(성별만 나타냄)	まもる(守る) 지키다

Power UP

one

다음은 라면을 맛있게 끓이는 법에 대한 설명입니다. 내용을 잘 읽고 바른 순서대로 나열해 보세요.

(①) ➡ (   ) ➡ (   ) ➡ (   ) ➡ (   ) ➡ (②)

*お湯：뜨거운 물
*沸かす：(물을) 끓이다
*消す：끄다
*煮る：끓이다/익히다
*たまご：달걀
*野菜：야채

UNIT 13

入れては　いけません

2-35•All

山田の 집에서 김유리가 일본식 된장국 만드는 법을 배우고 있다.

2-36 キム：　あ、　だし汁が　できましたよ。

2-37 山田：　じゃ、　野菜を　全部　入れて　しまいましょう。

2-38 キム：　はい。　今、　味噌を　入れても　いいですか。

2-39 山田：　まだ　入れては　いけませんよ。　野菜を　煮てから、　後で　味噌を
　　　　　　入れます。

2-40 キム：　へえ、　韓国と　順番が　違いますね。

2-41 山田：　韓国のは　野菜と　味噌を　いっしょに　入れて、　よく　煮込みます
　　　　　　よね。

2-42 キム：　日本のは　味噌を　入れて、　すぐ　火を　消しますか。

2-43 山田：　ええ。　あまり　長く　煮込んで　しまっては　いけません。

New Words

□だし 다시 국물	□みそしる (味噌汁) 된장국	□ひ (火) 불
□できる 완성되다	□にる (煮る) 끓이다	□けす (消す) 끄다
□やさい (野菜) 야채	□じゅんばん (順番) 순서	□ながく (長く) 길게
□いれる (入れる) 넣다	□ちがう (違う) 다르다	
□みそ (味噌) 된장	□にこむ (煮込む) 끓이다	

그럼, 야채를 전부 넣어버리죠.

아, 다시 국물이 다 됐어요.

네. 지금 된장을 넣어도 되나요?

어머, 한국이랑 순서가 다르네요.

아직 넣어서는 안 돼요. 야채를 끓이고 나서 나중에 된장을 넣어요.

한국 것은 야채와 된장을 함께 넣고 푹 끓이죠?

일본 것은 된장을 넣고 금방 불을 끄나요?

네. 너무 오래 끓여서는 안 돼요.

01 〔동사의 て형〕 ～て(で)　みる　~(해) 보다

　「～て(で)　みる」는 우리말의 '~(해) 보다'란 뜻이며 대부분의 경우 어떤 행위를 '시도하다'라고 하는 의미로 많이 쓰여집니다. 단, 이 경우에 「みる」는 본래의 뜻과는 다른 보조동사로 쓰였기 때문에 반드시 히라가나로 쓰세요!

- 友達（ともだち）に　聞（き）いて　みます。 친구에게 물어 보겠습니다.
- エジプトに　行（い）って　みたいです。 이집트에 가 보고 싶습니다.
- 一度（いちど）、試（ため）して　みて　ください。 한번 시험해 보세요.

02 〔동사의 て형〕 ～て(で)　くる　~(해) 오다

　「～て(で)　くる」는 공간적 이동을 나타내는 용법과 상태의 점진적인 변화를 나타내는 용법으로 나뉘어집니다. 여기서는 공간적 이동을 나타내는 용법에 관해서 살펴보도록 하겠습니다.

- ちょっと、薬屋（くすりや）に　行（い）って　きます。 잠시 약국에 다녀오겠습니다.
- ジュースを　買（か）って　きて　ください。 주스를 사 와 주세요.

03 〔동사의 て형〕 ～て(で)　しまう　~(해) 버리다

　「～て(で)　しまう」는 어느 동작이 완전히 끝난 것, 즉 '완료'의 의미를 나타내는 용법과 자신의 의지와는 상관없이 상황이 그렇게 되어서 유감인 것을 나타내는 용법 두 가지가 있습니다.

- 今日中（きょうじゅう）に　やって　しまいましょう。 오늘 중에 해 버립시다.

・うっかり　忘れて　しまいました。깜빡 잊어 버렸습니다.

・今朝、寝すごして　しまいました。오늘 아침 늦잠을 자 버렸습니다.

04　〔동사의 て형〕～て(で)も　いいです　~(해)도 됩니다

「～て(で)も　いいです」는「～て(で)も(~하여도, ~이어도)」와「いいです(좋습니다)」란 말로 이루어진 관용표현으로 허용의 뜻을 나타냅니다. 또한 의문문으로「～て(で)も　いいですか(~(해)도 됩니까?)」와 같이 말하면 상대방에게 허가를 구하는 표현이 되죠.

・ここの　電話を　借りても　いいですか。여기 전화를 빌려도 됩니까?

・食べて　みても　いいですか。먹어 봐도 됩니까?

・今度、遊びに　行っても　いいですか。다음에 놀러 가도 됩니까?

05　〔동사의 て형〕～て(で)は　いけません　~(해)서는 안 됩니다

「～て(で)は　いけません」은 우리말의 '~(해)서는 안 됩니다'란 의미의 금지를 나타내는 표현입니다. 누군가「～て(で)も　いいですか」라고 물었을 때, 허가하지 않을 것을 강하게 나타낼 때 이 표현을 쓸 수 있죠. 자기보다 윗사람에게는 쓰지 않는 것이 좋겠지요.

・事務室で　たばこを　吸っては　いけません。

사무실에서 담배를 피워서는 안 됩니다.

・マンションで　ペットを　飼っては　いけませんか。

아파트에서 애완동물을 길러서는 안 됩니까?

・階段で　遊んでは　いけませんよ。계단에서 놀아서는 안 됩니다.

Check Point

다음 예와 같이 그림을 보고 말해 보세요.

01

예 A：すみません。　この　カタログを　もらっても　いいですか。

B：いいですよ。　どうぞ。

㉠ A：すみません。　ここで　たばこを　吸っては　いけませんが。

B：そうでしたか。　すみません。

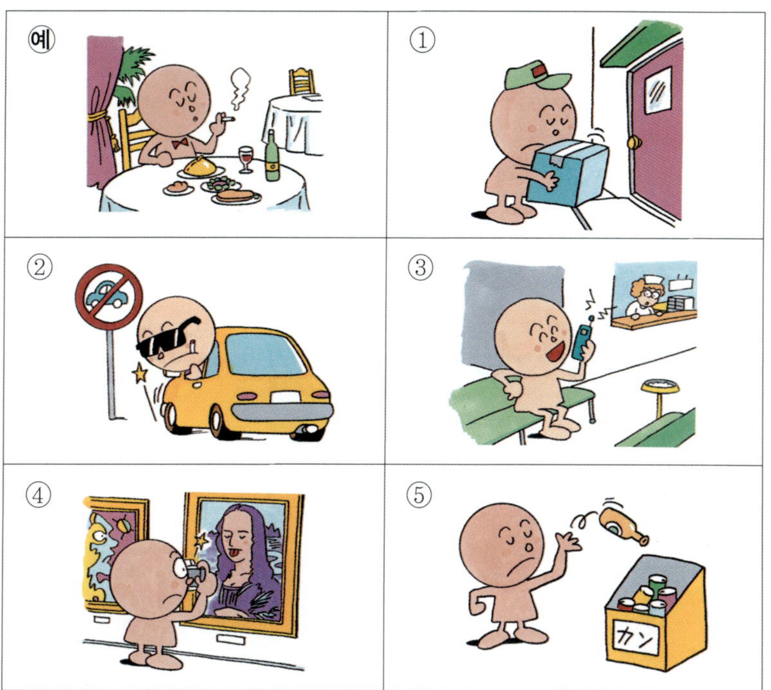

03 기숙사의 규칙에 대해 이야기를 하고 있습니다. 다음 중 어느 기숙사일까요?

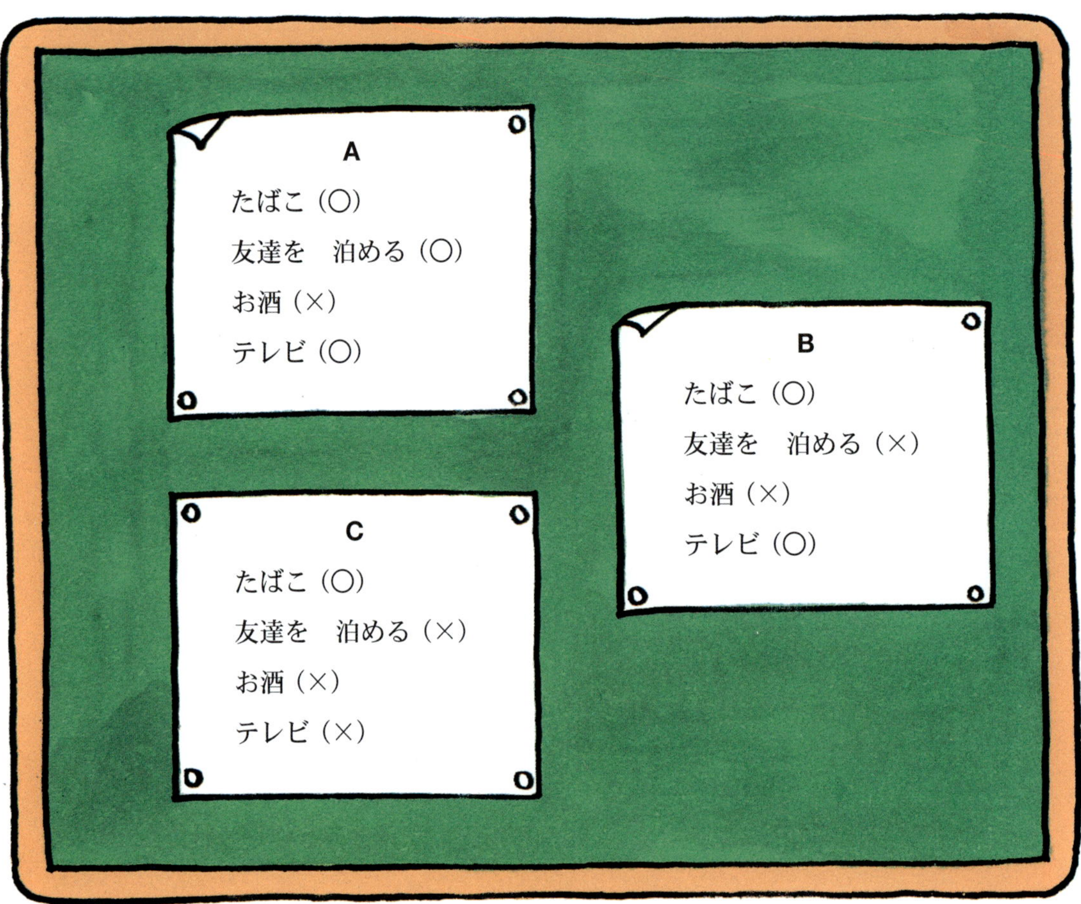

New Words

- カタログ　카탈로그
- どうぞ　뭔가를 권유할 때의 표현
- さきに(先に)　먼저
- すわる(座る)　앉다
- はいる(入る)　들어가다
- クーラーを　つける　냉방을 켜다
- おく(置く)　놓다
- しゃしん(写真)　사진
- とる(撮る)　찍다

- すてる(捨てる)　버리다
- ルームメイト　룸메이트
- よぶ(呼ぶ)　부르다
- とめる(泊める)　묵게 하다
- りょう(寮)　기숙사
- そうだんする(相談する)　상의하다/의논하다
- わかる　알다/이해되다
- おと(音)　소리
- おおきく(大きく)　크게

Power UP

one

학기 중에 아르바이트를 하려고 마음먹은 당신. 학교 게시판에서 아르바이트 정보를 얻으려고 합니다. 다음 게시판을 잘 읽고 질문에 답해 보세요.

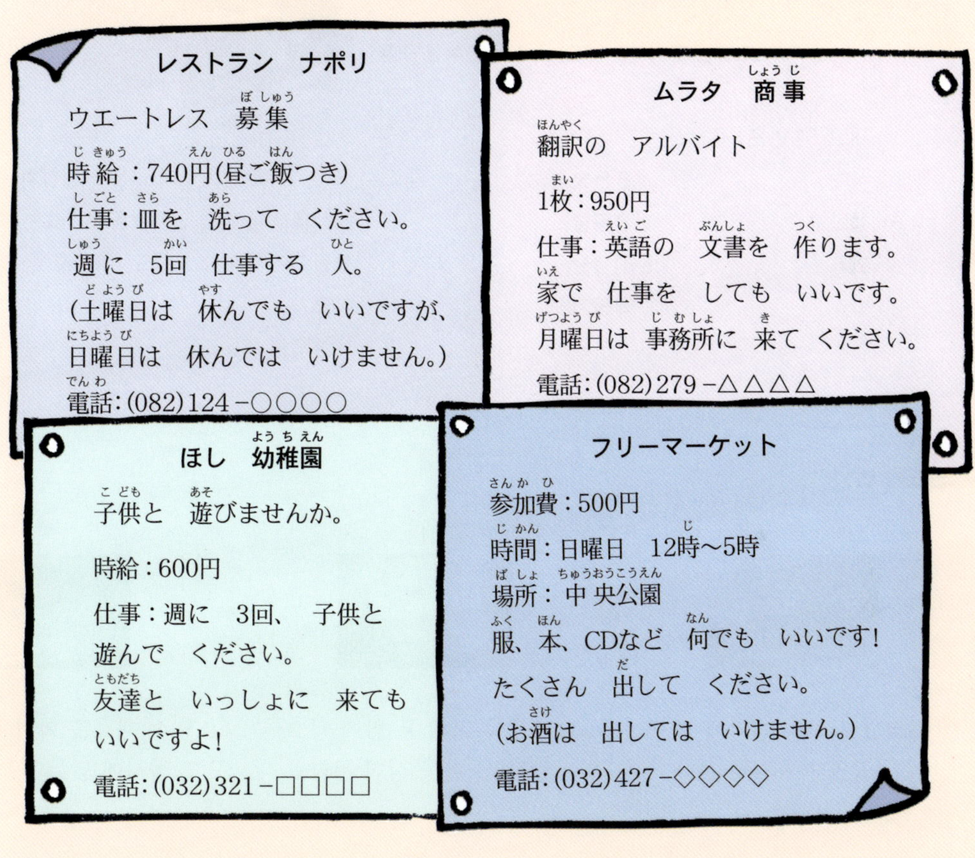

(1) 만약 당신이 친한 친구와 함께 아르바이트를 하고 싶다면 어디에 연락해야 할까요?

➡ ____

(2) 프리마켓은 어디에서 열립니까? 당신은 무엇을 준비해야 합니까?

➡ ____

(3) 장소와 시간에 구애받지 않고 자유롭게 일하면서 주말에는 공부하고 싶다면, 어디에 연락하는 것이 좋을까요?

➡ ____

*募集：모집　　*時給：시급　　*商事：상사　　*翻訳：번역　　*幼稚園：유치원

일본요리 파티!

평범한 파티는 이제 질렸다!라고 생각하시는 분 꼭 해 보세요.
가족들과, 친구들과, 평소와는 다른 일본요리 파티!

일본식 김말이

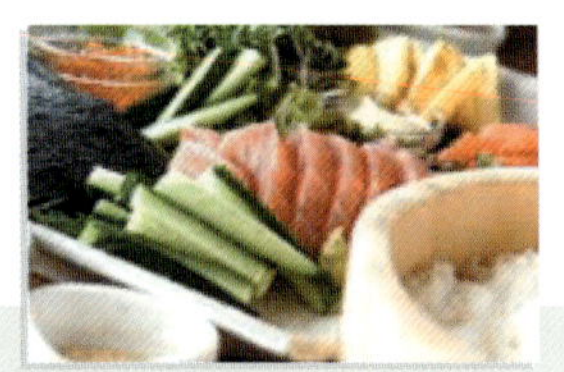

| 김밥도 물론 맛있지만, 오늘은 조금 변화를 주자!

재료 (4인분)

```
  ┌ 식초 ..................... 5 큰술
a │ 설탕 ..................... 3 큰술
  └ 소금 ............... 1.5 작은술
    밥 ..................... 4 공기
    김
```

속 재료 : 오이, 계란, 참치＋마요네즈, 생선회
(참치회) 등 김밥속 재료를 준비하는
요령으로 준비해 보세요. 뭐든지 좋
아요.

〈만드는 법〉

① 재료 a를 작은 냄비에 넣고　　② ①을 준비해 둔 밥에 넣고,　　③ 속 재료를 먹기 좋게 썰어서
　일단 끓였다가 식혀 둔다.　　　　잘 섞은 다음 식혀 둔다.　　　　접시에 담는다.

속 재료, 밥, 김은 큰 접시에 담아서 테이블 위에 늘어 놓습니다. 손님들은 자기가 좋아하는 속 재료를 자기가 좋아하는
만큼 넣어 말아서 먹습니다. 속 재료의 종류가 많으면 더 맛있겠죠?

〈김말이를 잘 싸는 요령〉

  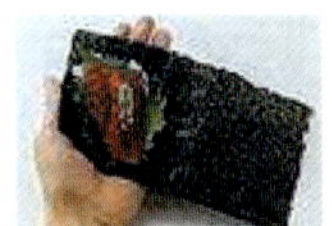    

김을 쌀 때의 포인트는 단 한가지! 여러 가지 재료를 넣을 수 있게 밥을 조금만 넣는다는 것!

일본식 고기감자 조림

일본에서는 여자친구가 만들어 주었으면 하는 요리 넘버원!
사실은 그다지 어려운 요리가 아니랍니다.
남자친구에게 만들어 줘 보세요.

재료 (4인분)

감자	4개(큰 것으로)
당근	1개
양파	1개
실곤약	100g(없으면 넣지 않아도 됨)
돼지고기나 소고기	200g

간장	4큰술	미린	1큰술
요리술	4큰술	다시다	1작은술
설탕	2큰술	물	3컵

〈만드는 법〉

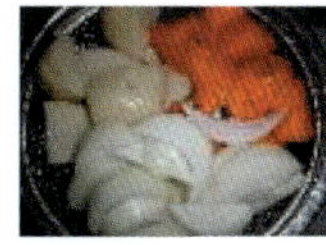      

① 냄비에 기름을 두르고, 고기를 볶다가 익으면 큼직하게 썬 감자, 당근, 양파를 넣고 전체적으로 기름이 돌 때까지 볶는다.

② 물, 다시다, 술을 넣고, 끓으면 거품을 걷어내고 간장과 설탕을 넣은 다음 실곤약을 넣어서 푹 끓인다.

③ 국물이 없어지고 야채가 익으면, 미린을 넣는다.

④ 맛이 골고루 배면 불을 끄고 접시에 담아 낸다.

UNIT 14

冷蔵庫に　入れて　あります

林와 山田의 남편 이한수 씨가 함께 퇴근하고 있다.

2-46 林：あれ？　イさんの　家の　電気、消えて　いますよ。

2-47 イ：ええ。家内が　旅行に　行って　います。あ、家で　ビールでも　いっしょに　いかがですか。

2-48 林：いいですね。じゃ、ビールを　買いに　行きましょう。

2-49 イ：いいえ、冷蔵庫に　入れて　ありますから、大丈夫ですよ。

맥주 한 잔씩 하고 나서…….

2-50 林：あれ？　もう　12時ですね。じゃ、そろそろ…。

2-51 イ：そうですか。

2-52 林：コップは　私が　洗います。

2-53 イ：いいですよ。後で　私が　やりますから、置いて　おいて　ください。

New Words

- でんき（電気）（전기）불
- きえる（消える）꺼지다
- いかがですか（＝どうですか）어떻습니까?
- れいぞうこ（冷蔵庫）냉장고
- だいじょうぶだ（大丈夫だ）괜찮다/걱정없다
- あれ 어?
- そろそろ 슬슬（시간이 다 되어 가는 모양）
- コップ 컵

어? 이(한수) 씨 집의 불이 꺼져 있어요.
네, 집사람이 여행 가 있어요.
아! 집에서 맥주라도 같이 어떠세요?
좋네요. 그럼 맥주를 사러 가죠.

아뇨, 냉장고에 넣어져 있으니까 괜찮아요.
어? 벌써 12시네요. 그럼 슬슬…….

컵은 제가 씻을게요.
그래요?
괜찮아요. 나중에 제가 할 테니까 놔 두세요.

〔동사의 て형〕 ～て(で)　おく　～(해) 두다

「～て(で)　おく」는 우리말의 '～(해) 두다'에 해당합니다. 「おく」는 보조동사로 쓰이고 있으니까 당연히 한자로 써서는 안 되겠죠?

- 映画の　チケットは　私が　買って　おきます。

영화 티켓은 제가 사 두겠습니다.

- 会議の　前に、　この　資料を　読んで　おいて　ください。

회의 전에 이 자료를 읽어 두세요.

〔타동사의 て형〕 ～て(で)　ある　～(해)져 있다

일본어에서 상태 '～(해)져 있다'를 나타내는 말로 「～て(で)　ある」와 「～て(で)　いる」의 두 가지 있는데요, 이 때 「～て(で)　ある」에는 타동사가, 「～て(で)　いる」에는 자동사가 사용됩니다. 우리말로는 둘 다 '～(해)져 있다'로 번역되지만 그 내면에는 큰 차이가 있답니다. 그럼, 먼저 「타동사의 て형 + ある」에 대해서 살펴보도록 하죠. 이것은 누군가가 의도적으로 어떤 목적을 가지고 한 행동(「～て(で)　おく」(위의 1번))이 현재 결과로서 남아 있는 것을 나타냅니다.

- 映画の　ポスターが　はって　あります。

영화 포스터가 붙여져 있습니다.

- 机の　上に　メモが　置いて　あります。

책상 위에 메모가 놓여져 있습니다.

〔자동사의 て형〕 ～て（で）　いる　～（해）있다

「자동사의 て형 + いる」는 「타동사의 て형 + ある」가 누군가가 어떤 목적을 가지고 의도적으로 그렇게 해 두었다는 의미와는 달리 단순히 눈에 보이는 상태만을 나타낼 때 씁니다.

- この　コップ、ひびが　入って　いますから、新しいのに　換えて　ください。

  이 컵, 금이 가 있으니까 새 것으로 바꿔 주세요.

- その　椅子は　壊れて　いますから、座っては　いけませんよ。

  그 의자는 고장나 있으니까 앉으면 안 됩니다.

- あ、窓が　開いて　いますね。閉めて　くださいませんか。

  어, 창문이 열려 있네요. 닫아 주시지 않겠습니까?

자동사	타동사
壊れる(고장나다, 무너지다)	壊す(고장나게 하다, 부수다)
破れる(찢어지다)	破る(찢다)
落ちる(떨어지다)	落とす(떨어뜨리다)
開く(열리다)	開ける(열다)
閉まる(닫히다)	閉める(닫다)
つく(켜지다)	つける(켜다)
消える(꺼지다)	消す(끄다)
起きる(일어나다)	起こす(깨우다, 일으키다)
並ぶ(늘어서다)	並べる(나열하다, 늘어놓다)
止まる(멈춰 서다)	止める(세우다)
入る(들어가다)	入れる(넣다)
出る(나가다)	出す(꺼내다)

Check Point

 다음 예와 같이 문장을 만들어 보세요.

> ㉠ 会議 ／ この　資料を　コピーする
>
> A：会議の　前に、何を　して　おきましょうか。
>
> B：そうですね。まず、この　資料を　コピーして　おいて　ください。

① 会議 ／ この　資料を　読む
② パーティー ／ ビールを　冷蔵庫に　入れる
③ コンパ ／ レストランの　予約を　する
④ 旅行 ／ フィルムを　たくさん　買う

02 다음 그림을 보고 예와 같이 말해 보세요.

> ㉠ かべに　スケジュール表が　はって　あります。

㉠　はる　　　①　かける　　　②　置く

③　並べる　　　④　しまう

03 2번의 그림을 보고 예와 같이 말해 보세요.

> ㉺ 明日の　スケジュールを　確認する　／　**02**의　㉺ はる
>
> A：あのう、明日の　スケジュールを　確認しても　いいですか。
>
> B：いいですよ。かべに　はって　ありますから、どうぞ。

① 来月の　カレンダーを　見る　／　**02**의 ① かける
② カタログを　もらう　／　**02**의 ② 置く
③ 辞書を　借りる　／　**02**의 ③ 並べる
④ コップを　借りる　／　**02**의 ④ しまう

04 다음 그림을 보고 예와 같이 말해 보세요.

> ㉺ 椅子が　壊れて　います。

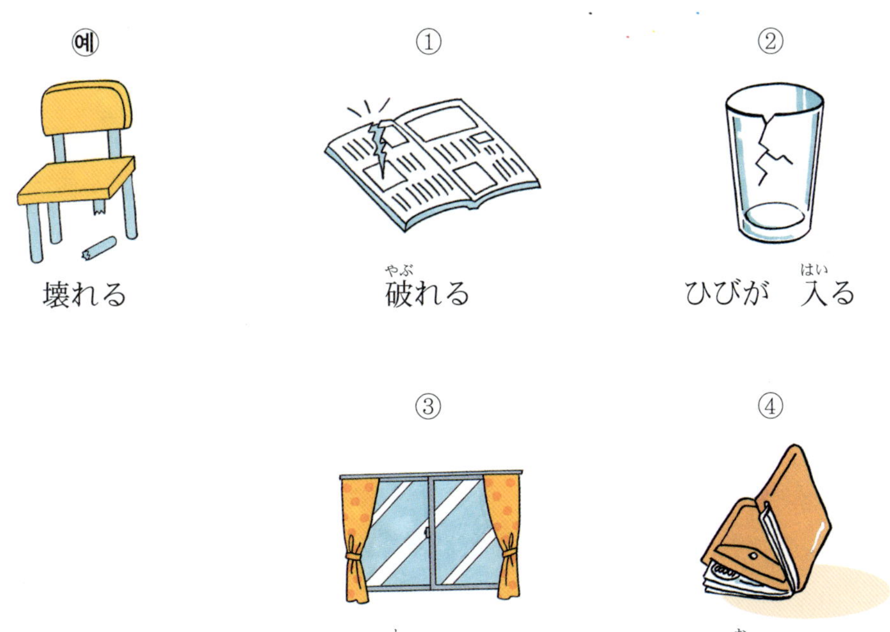

㉺ 壊れる　　　① 破れる　　　② ひびが　入る

③ 閉まる　　　④ 落ちる

05 방을 정돈한 후, 아래의 물건들은 a~g 중 어디에 있을까요?

New Words

□ コピーする 복사하다	□ しまう 넣어 두다
□ パーティー 파티	□ かくにん(確認) 확인
□ コンパ 미팅/모임	□ らいげつ(来月) 다음 달
□ レストラン 레스토랑	□ やぶれる(破れる) 찢어지다
□ よやく(予約) 예약	□ さいふ 지갑
□ フィルム 필름	□ おちる(落ちる) 떨어지다
□ かべ 벽	□ どう 어떻게
□ スケジュールひょう(表) 스케줄표	□ のせる(載せる) 올려놓다
□ かける 걸다	□ ひきだし(引き出し) 서랍
□ ほんだな(本だな) 책장	□ ベッド 침대
□ ならべる(並べる) 진열하다	□ めがね(眼鏡) 안경
□ たな 선반	□ くつした(靴下) 양말

오늘은 당신의 생일. 친구들과 함께 생일 파티를 하기로 했습니다. 준비해야 할 것들이 너무나 많군요. 친구들과 분담해서 준비할 것들을 목록으로 만들었습니다. 아래의 메모를 보고 목록을 완성해 보세요.

> 예) ジュースを 買う、料理を 作る、掃除を する、ケーキを 焼く、フィルムを カメラに 入れる、ビールを 冷やす、椅子を 並べる、みんなに 電話を する

<準備して おく こと>

예) パーティーの 前に ジュースを 買って おきます。

(1) パーティーの 前に ＿＿＿＿＿＿＿＿＿＿＿＿＿＿＿＿＿＿＿＿＿＿＿＿。

(2) パーティーの 前に ＿＿＿＿＿＿＿＿＿＿＿＿＿＿＿＿＿＿＿＿＿＿＿＿。

(3) パーティーの 前に ＿＿＿＿＿＿＿＿＿＿＿＿＿＿＿＿＿＿＿＿＿＿＿＿。

(4) パーティーの 前に ＿＿＿＿＿＿＿＿＿＿＿＿＿＿＿＿＿＿＿＿＿＿＿＿。

(5) パーティーの 前に ＿＿＿＿＿＿＿＿＿＿＿＿＿＿＿＿＿＿＿＿＿＿＿＿。

(6) パーティーの 前に ＿＿＿＿＿＿＿＿＿＿＿＿＿＿＿＿＿＿＿＿＿＿＿＿。

(7) パーティーの 前に ＿＿＿＿＿＿＿＿＿＿＿＿＿＿＿＿＿＿＿＿＿＿＿＿。

＊準備：준비　　＊焼く：굽다　　＊冷やす：차게 하다

UNIT 15

あまり　飲まないで　ください　

出근하자마자 커피를 마시고 있는 林를 본 동료 여사원(ユン)

2-56 ユン：また、　コーヒーですか。　林さんは　コーヒーが　好きですね。

2-57 林　：ええ、　大好きですよ。　一日に　5・6杯は　飲んで　いますね。

2-58 ユン：朝ご飯は　食べましたか。

2-59 林　：いいえ。　私の　一日は　この　コーヒーで　始まります。

2-60 ユン：何も　食べないで、　コーヒーを　飲むのは　体に　よく　ありませんよ。

2-61 林　：私は　大丈夫ですよ。　なれて　いますから。

2-62 ユン：でも、　あまり　たくさん　飲まないで　ください。

2-63 林　：わかりました。　少し　減らして　みます。

New Words

□ だいすきだ（大好きだ）　매우 좋아하다　　□ なれる　익숙해지다　　□ へらす（減らす）　줄이다
□ いちにち（一日）　하루　　□ あまり　너무

또 커피예요?
하야시 씨는 커피를
좋아하는군요.

네, 아주 좋아해요.
하루에 대여섯 잔은
마시죠.

아침은 먹었어요?

아니요. 저의 하루는
이 커피로 시작되요.

아무것도 먹지 않고
커피를 마시는 건
몸에 좋지 않아요.

전 괜찮아요.
익숙한 걸요.

하지만, 너무 많이
마시지 마세요.

알았어요.
조금 줄여 볼게요.

01 동사의 ない형

　여기서는「동사의 부정형」, 즉「동사의 ない형」에 관해서 살펴보도록 하겠습니다.「동사의 ない형」은 조동사「ない」와 함께 쓸 때의 동사의 형태를 말하는데요, 중요한 것은 이때의「ない」는 '없다'란 의미가 아니라 '~(하)지 않다'란 부정의 의미를 나타낸다는 점이죠. 또「동사의 ない형」은「ない」를 포함하지 않는 동사의 형태를 말합니다. 그럼,「동사의 ない형」을 만드는 법에 대해서 살펴보도록 하죠.

1그룹동사 　끝음인 [u]를 [a] 발음으로 고친 후「ない」를 붙입니다. 단「う」로 끝나는 동사는「~あない」가 아니라「~わない」로 바뀐다는 점에 주의하세요! 예를 들자면「あう(만나다)」와 같은 동사는「ああない」가 아니라「あわない」가 되는 거죠. 똑같은 요령으로「すう」는「すわない」가 되겠죠?

2그룹동사 　「る」를 떼고「ない」를 붙이기만 하면 되요. 어때요? 간단하죠!

3그룹동사 　する (하다) → しない(하지 않다)　来る (오다) → 来ない(오지 않다)

그럼, 아래의 표를 통해 다시 한 번 정리해 볼까요.

1그룹동사 −u ⬇ −aない	いく ⬇ いかない あそぶ ⬇ あそばない	およぐ ⬇ およがない のむ ⬇ のまない	はなす ⬇ はなさない とる ⬇ とらない	まつ ⬇ またない ＊すう ⬇ すわない	しぬ ⬇ しなない ＊ある ⬇ ない
2그룹동사 −る ⬇ −るない	みる ⬇ みない	たべる ⬇ たべない	わすれる ⬇ わすれない	すてる ⬇ すてない	いる ⬇ いない
3그룹동사	くる ➡ こない する ➡ しない		でんわする ➡ でんわしない		

〔동사의 ない형〕＋ ないで　ください　～(하)지 마세요

「동사의 ない형」에 「～ないで　ください」가 붙은 형태로 우리말로는 '～(하)지 마세요' 또는 '～(하)지 말아주세요'란 의미의 부정명령문을 나타냅니다. 12과에서 배운 「～て　ください」의 반대말이라고 생각하면 되겠죠?

- 約束の　時間に　遅れないで　ください。약속시간에 늦지 마세요.

- あの…、ここで　たばこを　吸わないで　ください。たばこは　あちらで　お願いします。

  저……, 여기서 담배를 피우지 마세요. 담배는 저쪽에서 부탁합니다.

03

〔동사의 ない형〕＋ ないで　～(하)지 않고

「～ないで」는 부정의 「ない」에 「で」가 붙은 형태로 우리말로는 '～(하)지 않고, ～(하)지 말고'란 의미를 나타냅니다. 또한 아래의 예문을 통해서도 알 수 있듯이 「～ないで」는 동사에만 쓰인다는 사실을 꼭 기억하세요.

- いつも　朝ご飯を　食べないで、家を　出ます。

  항상 아침밥을 먹지 않고 집을 나옵니다.

- 昨日は　予備校に　行かないで、ゲーセンで　ゲームを　して　いました。

  어제는 입시학원에 가지 않고 오락실에서 오락을 하고 있었습니다.

- 私は、部屋の　電気は　つけないで、机の　スタンドだけで　勉強します。

  저는 방의 불은 켜지 않고 책상 스탠드만으로 공부합니다.

〔동사의 ます형〕+ ながら ~(하)면서

「~ながら」는 우리말의 '~(하)면서'란 의미로 「동사의 ます형」에 붙어서 두 가지 동작이 동시에 일어남을 나타냅니다. 중요한 사실은 「AながらB」와 같이 두 동작을 열거했을 경우, 말하는 사람이 중점을 두고 있는 것은 B쪽 문장임을 주의하세요!

- お茶でも　飲みながら　話しませんか。

  차라도 마시면서 이야기하지 않겠습니까?

- うちの　父は　歌を　歌いながら　お風呂に　入ります。

  우리 아버지는 노래를 부르면서 목욕합니다.

01 다음 예와 같이 문장을 만들어 보세요.

> ㉠ たばこを　吸^すう
>
> ➡ たばこを　吸わないで　ください。

① 写真^{しゃしん}を　撮^とる　　② 芝生^{しばふ}に　入^{はい}る　　③ 約束^{やくそく}を　忘^{わす}れる

④ ごみを　捨^すてる　　⑤ 遠慮^{えんりょ}する　　⑥ 心配^{しんぱい}する

다음 그림을 보고 예와 같이 말하세요. (2~4번)

02

> ㉠ ここは　禁煙^{きんえん}ですから、たばこを　吸わないで　ください。

㉠ 　① 　② 　③ 

03

> ㉠ 食^たべながら　勉強^{べんきょう}しないで　ください。

㉠ 　① 　② 　③ 

04

> ㉠ 今日^{きょう}は　傘^{かさ}を　持^もたないで、家^{いえ}を　出^でました。

㉠

①

②

③

   다이어트에 필요한 주의사항을 이야기합니다.

1. 내용과 일치하면 ○, 틀리면 ✕표를 하세요.

2. 들은 내용을 정리해 봅시다.

> 예 ダイエットには　<ruby>運動<rt>うんどう</rt></ruby>が　いちばんです。

① ＿＿＿＿＿＿＿＿＿＿＿＿＿＿＿ながら、<ruby>食事<rt>しょくじ</rt></ruby>を　するのも　いいです。

② <ruby>運動<rt></rt></ruby>は　1<ruby>時間<rt>じかん</rt></ruby>　<ruby>以上<rt>いじょう</rt></ruby>＿＿＿＿＿＿＿＿＿＿＿。

③ ダイエット<ruby>中<rt>ちゅう</rt></ruby>には　お<ruby>酒<rt>さけ</rt></ruby>を＿＿＿＿＿＿＿＿＿＿＿。

New Words

- しばふ(芝生) 잔디
- ごみ 쓰레기
- えんりょする(遠慮する) 사양하다
- しんぱいする(心配する) 걱정하다
- きんえん(禁煙) 금연
- あぶない(危ない) 위험하다
- うんてんする(運転する) 운전하다
- さとう 설탕
- ダイエット 다이어트
- うんどう(運動) 운동
- ばかり 〜만
- 〜かい(回) 〜회, 〜번
- クラシック 클래식
- くらい(＝ぐらい) 정도
- いじょう(以上) 이상
- まいにち(毎日) 매일

one

다음 그림을 보고 예와 같이 괄호 안의 단어를 이용해서 상황에 맞는 대화를 만들어 보세요.

예		A：すみません。ここでは 写真を 撮らないで ください。 B：これ、一枚だけですから。お願いします。 A：だめです。一枚も 撮っては いけません。 B：すぐ 終わりますから。 A：ここは お寺です。観光地じゃ ありません。
(1)		A：すみません。ここに＿＿＿＿＿＿＿＿＿。 　　　　　　　　　　（車, 止める） B：ちょっとだけですから。お願いします。 A：だめです。一分も＿＿＿＿＿＿＿＿。 　　　　　　　　　（止める） B：すぐ 戻りますから。 A：ここは 駐車禁止です。＿＿＿＿＿＿。 　　　　　　　　　（駐車場）
(2)		A：すみません。ここで ＿＿＿＿＿＿＿。 　　　　　　　　　（電話, する） B：一本だけですから。お願いします。 A：だめです。一本も＿＿＿＿＿＿＿。 　　　　　　　　　（電話する） B：すぐ 終わりますから。 A：ここは 映画館です。＿＿＿＿＿＿。 　　　　　　　　　（休憩室）

＊だめだ : 안 된다　＊お寺 : 절　＊観光地 : 관광지　＊戻る : 돌아오다　＊駐車 : 주차

＊禁止 : 금지　＊一本 : 한 통화　＊休憩室 : 휴게실

通訳しなくても　いいですか

林와 林의 동료가 점심 시간에 이야기를 나눈다.

2-66 林 ：口座を　ひらきたいですが、はんこが　要りますか。

2-67 同僚 ：いいえ、なくても　いいですよ。サインを　しても　いいですから。

2-68 林 ：そうですか。じゃ、行って　きます。

2-69 同僚 ：私が　いっしょに　行って、通訳しなくても　いいですか。

2-70 林 ：ありがとう。でも、大丈夫です。

은행에서

2-71 林 ：あの、名前は　ローマ字で　書いても　いいですか。

2-72 銀行員 ：すみません。コンピュータに　ハングルで　入力しなければ

なりませんから。

2-73 林 ：そうですか。じゃあ…、これで　いいですか。

New Words

□こうざを　ひらく（口座を　ひらく）　　□サイン　사인　　　　　　□ローマじ（字）　로마자
　구좌를 개설하다　　　　　　　　　　　□つうやく（通訳）　통역　　□コンピュータ　컴퓨터
□はんこ　도장　　　　　　　　　　　　□ぎんこう（銀行）　은행　　□にゅうりょくする（入力する）　입력하다
□いる（要る）　필요하다　　　　　　　□ぎんこういん（銀行員）　은행원

140

구좌를 개설하고 싶은데, 도장이 필요한가요?
그래요? 그럼, 다녀올게요.
아뇨, 없어도 괜찮아요. 사인해도 상관없으니까요.

제가 함께 가서 통역하지 않아도 괜찮아요?
고마워요. 하지만, 괜찮아요.

저, 이름은 로마자로 써도 되나요?

죄송합니다. 컴퓨터에 한글로 입력해야만 하기 때문에.

그래요? 그럼, 이걸로 됐나요?
하야시

Point

01 〔동사의 ない형〕+なければ　なりません ~(하)지 않으면 안 됩니다/(해)야 됩니다

「~なければ　なりません」은 「~なければ　ならない」의 정중한 표현으로 우리말의 '~(하)지 않으면 안 됩니다' 또는 '~(해)야 됩니다'에 해당합니다. 이중 부정의 형태로 사용하기 때문에 의미상으로는 부정이 아니란 점에 유의하세요.

- 明日までに　出さなければ　なりません。 내일까지 제출해야 됩니다.

- 雨の　日は　道が　込みますから、いつもより　早く　家を　出なければ　なりません。

  비 오는 날은 길이 막히니까 평소보다 일찍 집을 나서야 됩니다.

- A：明日は　どうですか。 내일은 어떻습니까?

  B：すみません。明日は　病院に　行かなければ　なりませんから…。

  죄송해요. 내일은 병원에 가지 않으면 안 돼서…….

02 〔동사의 ない형〕+なくても　いいです ~(하)지 않아도 됩니다

「~なくても　いいです」는 위의 1번에서 배운 「~なければ　なりません」과는 정반대의 의미로 동사로 제시되는 행위를 할 필요가 없다는 것을 나타냅니다. 즉, 일종의 허용을 나타내는 표현이라고 할 수 있죠.

- とても　辛いですから、無理して　全部　食べなくても　いいですよ。

  너무 매우니까 무리해서 다 먹지 않아도 됩니다.

- まだ　時間が　ありますから、そんなに　急がなくても　いいです。

  아직 시간이 있으니까 그렇게 서두르지 않아도 됩니다.

- これは　冷蔵庫に　入れて　おかなくても　いいですか。

  이것은 냉장고에 넣어 두지 않아도 됩니까?

Check Point

01 다음 예와 같이 문장을 만들어 보세요.

> 예　**毎朝、早く　起きる。** ➡ **毎朝、早く　起き**なければ　なりません。

① 予約する ➡ _______________なければ　なりません。

② 説明書を　よく　読む ➡ _______________なければ　なりません。

③ 8時の　電車に　乗る ➡ _______________なければ　なりません。

④ 11時までに　帰る ➡ _______________なければ　なりません。

⑤ 毎日、満員電車で　通う ➡ _______________なければ　なりません。

⑥ 会議に　出る ➡ _______________なければ　なりません。

02 아래의 인물들 중 둘을 골라, 해야 하는 것, 하지 않아도 되는 것에 대해서 이야기해 보세요.

> 예　**学生**は　**勉強**しなければ　なりませんが、**スーパーマン**は　**勉強**しなくても
> いいです。

シンデレラ

学生

スーパーマン

ベートーベン

ルパン

看護婦

ポパイ

 내용을 잘 듣고, 대화가 끝난 후 남자가 할 행동을 아래의 셋 중에서 골라 ○표를 하세요.

> 예 a. 明日も　着ます。　　ⓑ 明日も　来ます。　　c. 明日は　来ません。

2-74 **1.**

　　a. アイロンを　かけません。　b. アイロンを　かきません。　c. アイロンを　かけます。

2-75 **2.**

　　a. ハングルで　書きます。　　b. 漢字で　書きます。　　c. 漢字で　書きません。

2-76 **3.**

　　a. 今週だけ　飲みます。　　b. 来週まで　飲みます。　　c. 今週から　飲みません。

2-77 **4.**

　　a. 予約しません。　　b. 土曜日は　予約します。　　c. 土曜日は　予約しません。

2-78 **5.**

　　a. 靴を　脱ぎます。　　b. 靴を　脱ぎません。　　c. 靴下を　脱ぎます。

New Words

- せつめいしょ（説明書）설명서
- でんしゃ（電車）전차
- ～に　のる（～に　乗る）～을/를 타다
- まんいん（満員）만원
- かよう（通う）다니다
- そら（空）하늘
- とぶ（飛ぶ）날다
- ほうれんそう　시금치
- ちゅうしゃを　うつ（注射を　うつ）주사를 놓다
- ピアノを　ひく　피아노를 치다
- アイロンを　かける　다림질을 하다
- かんじ（漢字）한자
- こんしゅう（今週）이번 주
- ぬぐ（脱ぐ）벗다

다음 글을 읽고 아래 내용과 맞으면 ○, 틀리면 ×표를 하세요.

私が　高校生の　時は　いろいろな　規則が　ありました。
　高校生は　おけしょうを　しては　いけませんでした。たばこも　吸っ
ては　いけませんでした。お酒も　飲んでは　いけませんでした。また、
高校生は　カラオケに　行っては　いけませんでした。親が　いる　時は
行っても　よかったです。
　月曜日から　金曜日までは　夜9時まで　学校で　勉強しなければ　な
りませんでした。大学に　行きたかったですから、毎日　勉強しなければ
なりませんでした。とても　大変でした。
　土曜日は　夜9時まで　勉強しませんでした。土曜日は　早く　家に
帰って、テレビを　見たり　友達に　会ったり　しました。でも、夜9時
までに　家に　帰らなければ　なりませんでした。
　いろいろな　規則が　ありましたが　とても　楽しかったです。

しても　いいです…（　○　）　しては　いけません…（　×　）

(1) (　　　)お酒を　飲みます。

(2) (　　　)たばこを　吸います。

(3) (　　　)親と　カラオケに　行きます。

(4) (　　　)友達に　会って、8時に　家に　帰ります。

(5) (　　　)金曜日は　早く　家に　帰ります。

*規則：규칙　　*おけしょう：화장　　*親：부모

UNIT 17

合コンを した ことが あります 🎧 2-79•All

김유리가 山田의 집에서 함께 차를 마시고 있다.

2-80 山田：キムさん、 彼は。

2-81 キム：いません。

2-82 山田：お見合いとか、 した ことが ありますか。

2-83 キム：ん…。 お見合いは した ことが ありませんが、 合コンは した ことが あります。

2-84 山田：そうですか。 韓国では 「ミーティング」と いいますね。 どんな ことを しますか。

2-85 キム：食事を したり、 お酒を 飲んだり します。

2-86 山田：日本と 同じですね。

2-87 キム：山田さんは 日本で 合コンを した ことが ありますか。

2-88 山田：ええ、 たくさん ありますよ。 主人には ないしょね。

New Words

□ かれ（彼） 남자 친구　　　　　　□ ～と いう ～라고 하다
□ ～とか ～같은 것　　　　　　　□ ないしょ 비밀

김(유리) 씨, 남자 친구는?
없어요.
맞선 같은것 본 적 있어요?
음……. 맞선은 본 적이 없지만, 미팅은 한 적이 있어요.
그래요? 한국에서는 「미팅」이라고 하죠. 어떤 걸 하나요?
식사를 하거나, 술을 마시거나 해요.
일본하고 똑같네요.
야마다 씨는 일본에서 미팅을 한 적이 있나요?
네, 많이 있어요. 남편한테는 비밀이에요.

01 동사의 た형

동사의 과거형을 「동사의 た형」이라고 하는데요, 12과에서 배운 「동사의 て형」과 활용법이 같아요. 「동사의 て형」의 「て」대신 「た」를 붙여 주기만 하면 돼요. 「동사의 た형」은 「た」를 포함한 형태를 말한다는 것 잊지 마세요.

그럼, 아래의 표를 통해서 정리해 볼까요?

1그룹 동사	あう ➡ あった まつ ➡ まった かえる ➡ かえった	しぬ ➡ しんだ よむ ➡ よんだ あそぶ ➡ あそんだ	2그룹 동 사	みる ➡ みた わすれる ➡ わすれた
	きく ➡ きいた いそぐ ➡ いそいだ かす ➡ かした	*いく ➡ いった	3그룹 동 사	くる ➡ きた する ➡ した べんきょうする ➡ べんきょうした

02 〔동사의 た형〕＋た　ことが　あります ~(한) 적이 있습니다

「こと」는 원래 '일, 경우, 사항' 등을 나타내는 말인데요, 「동사의 た형」에 붙어서 우리말의 '~(한) 적이 있습니다'란 의미로 과거의 경험을 나타내는 표현이 됩니다.

- 日本人と　話した　ことが　あります。 일본인과 이야기 한 적이 있습니다.
- 日本の　漫画を　読んだ　ことが　あります。 일본 만화를 읽은 적이 있습니다.
- A：犬の　肉を　食べた　ことが　ありますか。 개고기를 먹은 적이 있습니까?

  B：はい、食べた　ことが　あります。 네, 먹은 적이 있습니다.

  いいえ、食べた　ことが　ありません。 아니요, 먹은 적이 없습니다.

〔동사의 た형〕 〜たり　〜(하)기도 하고

「〜たり」는「동사의 た형」의「〜た」에「り」를 붙인 형태로서 여러 가지 동작이나 상태를 열거할 때 쓰는 표현으로 우리말로는 '〜(하)기도 하고'로 번역됩니다. 열거하고 싶은 내용을「〜た(だ)り」로 다 열거하고 나서 문장을 마무리하고 싶으면「する」를 사용하세요. 단,「〜た(だ)り」는 동사의 과거형을 사용하긴 했지만「〜た(だ)り」부분에는 과거의 뜻이 없으므로 마무리 부분 즉,「する」에서 시제를 나타내 줘야 합니다.

- 映画を　見たり、お酒を　飲んだり　します。

  영화를 보기도 하고 술을 마시기도 합니다.

- 部屋で　ゴロゴロ　したり、あちこち　ブラブラ　したり　して　いました。

  방에서 뒹굴뒹굴 하기도 하고 여기저기 돌아 다니기도 했습니다.

- 気が　散りますから、行ったり　来たり　しないで　ください。

  정신 산만하니까 왔다 갔다 하지 마세요.

다음 예와 같이 문장을 만들어 보세요.

01

> 〈예〉日本に　行く ／ 楽しい
>
> A：日本に　行った　ことが　ありますか。
>
> B：はい、行った　ことが　あります。
>
> A：どうでしたか。
>
> B：楽しかったです。

① キムチを　作る ／ 難しい
② 日本酒を　飲む ／ おいしい
③ 通販で　何かを　買う ／ 便利だ
④ 虹を　見る ／ きれいだ

02

> 〈예〉日本の　ドラマを　見る
>
> A：日本の　ドラマを　見た　ことが　ありますか。
>
> B：いいえ、まだ　見た　ことが　ありません。
>
> 　　一度、見て　みたいです。

① バンジージャンプを　する
② 日本語で　チャットを　する
③ 日本の　小説を　読む
④ ラブレターを　もらう

03

① 週末は 何を しますか。（お酒を 飲む・ドライブを する）
② ここまで 何で 来ますか。（バスで 来る・電車で 来る）
③ 晩ご飯の 後、何を して いますか。（メールを 書く・テレビを 見る）
④ 子供の 時 どんな ことを しましたか。
（テレビゲームを する・公園で 遊ぶ・漫画を 読む）

04 대화를 듣고, 각자 무엇을 한 적이 있는지 빈칸에 적어 보세요.

㉞ キムさんは キムチを 作った ことが あります。

① キムさんは＿＿＿＿＿＿＿＿＿＿＿＿＿＿＿＿＿＿＿＿ことが あります。
　田中さんは＿＿＿＿＿＿＿＿＿＿＿＿＿＿＿＿＿＿＿＿ことが あります。

② パクさんは＿＿＿＿＿＿＿＿＿＿＿＿＿＿＿＿＿＿＿＿ことが あります。
　イさんは＿＿＿＿＿＿＿＿＿＿＿＿＿＿＿＿＿＿＿＿＿ことが あります。

05 내용을 잘 듣고 예와 같이 해당하는 장소를 찾아서 번호를 쓰세요.

> 예 コーヒーを　飲んだり、インターネットを　したり　します。　➡ インターネットカフェ

New Words

- つうはん（通販）= つうしんはんばい（通信販売）　통신 판매
- にじ（虹）　무지개
- ドラマ　드라마
- バンジージャンプ　번지 점프
- チャット　채팅
- しょうせつ（小説）　소설
- ラブレター　러브레터
- おんがく（音楽）　음악
- ドライブ　드라이브
- ばんごはん（晩ご飯）　저녁밥
- じこを　おこす（事故を　起こす）　사고를 일으키다
- じこに　あう（事故に　あう）　사고를 당하다
- したしい（親しい）　친하다
- にゅういん（入院）　입원
- たいいん（退院）　퇴원
- ちょきん（貯金）　저금
- りょうきん（料金）　요금
- よる（夜）　밤
- おそく（遅く）　늦게
- カフェ　카페

다음은 당신의 음주실태를 진단하는 간단한 앙케이트입니다. 문장을 읽고 해당하는 것에 ○, 해당하지 않는 것에 ×표를 해 보세요.

( ) 1. 週に　4回以上　お酒を　飲んだ　ことが　あります。
( ) 2. ご飯を　食べないで　お酒を　飲んだ　ことが　あります。
( ) 3. 気分が　悪い　時は　すぐ　やめます。
( ) 4. お酒を　飲んで　けんかしたり　怒ったり　した　ことが　あります。
( ) 5. 無理して　お酒を　全部　飲んで　しまった　ことが　あります。
( ) 6. おつまみを　食べないで　お酒を　たくさん　飲んで　しまいます。
( ) 7. 話を　しないで　速く　飲んで　しまいます。
( ) 8. いつも　食事を　しながら　ゆっくり　飲みます。

〈진단결과〉

○표는 몇 개 있습니까?

7〜8 …………	とても　悪い
5〜6 …………	悪い
3〜4 …………	普通
1〜2 …………	いい
0 ………………	とても　いい

＊けんかする：싸움하다　　＊怒る：화내다　　＊おつまみ：안주　　＊普通：보통

お芝居を　見た　🎧2-91・All

김유리의 일기

2-92 8月　25日　土曜日　晴れ

今日、お芝居を　見た。韓国、日本、中国合作の　お芝居だった。

2-93 今まで　一度も　見た　ことが　なかったから、オープニングの　時は　少し　ドキドキした。2-94 表情も　動きも　大きいから、最初は　ちょっと　びっくりしたけど、俳優の　パワーを　強く　感じた。歌ったり、踊ったり、リズミカルなのも　よかった。2-95 フィナーレで、韓国・日本・中国の　俳優たちが　手を　つないで　歌った。少し　涙が　出た。とても　感動的だった。2-96 映画も　いいけど、お芝居も　いい。これからは　時々　お芝居も　見たい。2-97 夏休みも　明日までだ。来週から　学校の　授業が　始まる。アルバイトも　あるから、忙しい。がんばれ、ゆり！

New Words

□ はれ(晴れ) 맑음	□ びっくりする 깜짝 놀라다	□ リズミカル 리드미컬
□ がっさく(合作) 합작	□ 〜けど 〜지만	□ フィナーレ 피날레
□ オープニング 오프닝	□ はいゆう(俳優) 배우	□ てを　つなぐ(手を　つなぐ) 손을 잡다
□ ドキドキ 두근두근	□ パワー 파워	□ なみだ(涙) 눈물
□ ひょうじょう(表情) 표정	□ つよく(強く) 강하게	□ かんどうてき(感動的) 감동적
□ うごき(動き) 움직임	□ かんじる(感じる) 느끼다	□ ときどき(時々) 때때로
□ さいしょ(最初) 처음	□ おどる(踊る) 춤추다	□ がんばれ 힘내라

오늘 연극을 봤다.
한국, 일본, 중국
합작 연극이었다.

지금까지 한 번도 본 적
이 없었기 때문에 오프
닝 때는 조금 두근두근
했다.

표정도 동작도 커서 처음
엔 좀 놀랐지만 배우의 파
워를 강하게 느꼈다. 노
래하거나 춤추거나 하며
리드미컬 한 것도 좋았다.

피날레에서 한국·일본·
중국 배우들이 손을 잡고
노래했다. 약간 눈물이 났
다. 너무나 감동적이었다.

영화도 좋지만 연극도 좋
다. 앞으로는 가끔 연극도
보고 싶다.

여름 방학도 내일까지다. 다음
주부터 학교 수업이 시작된다.
아르바이트도 있으니 바쁘다.
힘내라, 유리!

01 보통형(긍정)

일본어에도 존대말(정중형)과 반말(보통형)이 있습니다. 우리는 지금까지 정중형(〜です・〜ます)을 중심으로 학습해 왔습니다만 친한 친구 사이나 신문, 서적, 논문 등을 쓸 때에도 정중형으로 쓴다면 어색하겠죠? 이럴 경우에는 보통형으로 말하거나 보통형으로 문장을 쓰는 것이 자연스럽습니다. 아래의 표를 통해서 보통형의 긍정표현을 정리해 볼까요?

	정중형	보통형
명사	雨です。(비입니다.) 雨でした。(비였습니다.)	雨だ。(비다.) 雨だった。(비였다.)
ナ형용사	元気です。(건강합니다.) 元気でした。(건강했습니다.)	元気だ。(건강하다.) 元気だった。(건강했다.)
イ형용사	おもしろいです。(재미있습니다.) おもしろかったです。(재미있었습니다.)	おもしろい。(재미있다.) おもしろかった。(재미있었다.)
동사	会います。(만납니다.) 会いました。(만났습니다.)	会う。(만나다.) 会った。(만났다.)

02 보통형(부정)

아래의 표를 통해서 보통형의 부정표현에 대해서 정리해 보세요.

	정중형	보통형
명사	雨じゃ ありません。 (비가 아닙니다.) 雨じゃ ありませんでした。 (비가 아니었습니다.)	雨じゃ ない。 (비가 아니다.) 雨じゃ なかった。 (비가 아니었다.)
ナ형용사	元気じゃ ありません。 (건강하지 않습니다.)	元気じゃ ない。 (건강하지 않다.)

	元気じゃ ありませんでした。 (건강하지 않았습니다.)	元気じゃ なかった。 (건강하지 않았다.)
イ형용사	おもしろく ありません。 (재미있지 않습니다.)	おもしろく ない。 (재미있지 않다.)
	おもしろく ありませんでした。 (재미있지 않았습니다.)	おもしろく なかった。 (재미있지 않았다.)
동사	会いません。 (만나지 않습니다.)	会わない。 (만나지 않다.)
	会いませんでした。 (만나지 않았습니다.)	会わなかった。 (만나지 않았다.)

03 보통체 문장

아래의 예문을 통해서 보통체 문장에 익숙해질 수 있도록 연습해 보세요.

- 昨日は 暇だったから、部屋の 掃除を した。

  어제는 한가했기 때문에 방청소를 했다.

- さしみは 好きだけど、高いから あまり 食べに 行かない。

  생선회는 좋아하지만, 비싸기 때문에 그다지 먹으러 가지 않는다.

- これから 飲みに 行くけど、いっしょに 行かない？

  이제부터 한잔하러 가는데, 같이 안 갈래?

- 悪いけど、ここで ちょっとだけ 待って いて。

  미안하지만, 여기서 조금만 기다리고 있어 줘.

- まだ まだ いっぱい あるから、遠慮しないでね。

  아직 많이 있으니까 사양하지마.

- A : 明日、そっちに 遊びに 行っても いい？　내일 그 쪽에 놀러 가도 돼?

  B : うん、いいよ。　응, 좋아.

01 보통형으로 바꾸세요.

例 行きます	行く	行った	行かない	行かなかった
飲みます				
あります				
います				
します				
来ます				
かわいいです				
いいです				
嫌いです				
好きです				

02 다음 문장을 보통형으로 바꾸고 질문과 대답을 해 보세요.

① Q：日本語は　難しいですか。

　A：はい、難しいです。

　　　いいえ、難しく　ありません。

➡　Q：____。

　A：____。

　　____。

② Q：キムさんの　部屋は　きれいですか。

　A：はい、きれいです。

　　　いいえ、きれいじゃ　ありません。

➡　Q：____。

　A：____。

　　____。

③ Q：韓国の　歌手の　中で　誰が　いちばん　好きですか。

A：＿＿＿＿＿＿＿＿＿＿＿＿が　いちばん　好きです。

➡ Q：＿＿＿＿＿＿＿＿＿＿＿＿＿＿＿＿＿＿＿＿＿＿＿＿＿＿。

A：＿＿＿＿＿＿＿＿＿＿＿＿＿＿＿＿＿＿＿＿＿＿＿＿＿＿。

④ Q：日本語を　勉強して、何が　したいですか。

A：＿＿＿＿＿＿＿＿＿＿＿たいです。

➡ Q：＿＿＿＿＿＿＿＿＿＿＿＿＿＿＿＿＿＿＿＿＿＿＿＿＿＿。

A：＿＿＿＿＿＿＿＿＿＿＿＿＿＿＿＿＿＿＿＿＿＿＿＿＿＿。

⑤ Q：家で　ペットを　飼っても　いいですか。

A：はい、飼っても　いいです。

　　いいえ、飼っては　いけません。

➡ Q：＿＿＿＿＿＿＿＿＿＿＿＿＿＿＿＿＿＿＿＿＿＿＿＿＿＿。

A：＿＿＿＿＿＿＿＿＿＿＿＿＿＿＿＿＿＿＿＿＿＿＿＿＿＿

　　＿＿＿＿＿＿＿＿＿＿＿＿＿＿＿＿＿＿＿＿＿＿＿＿＿＿

⑥ Q：昨日、何を　しましたか。

A：家で　ビデオを　見ました。

➡ Q：＿＿＿＿＿＿＿＿＿＿＿＿＿＿＿＿＿＿＿＿＿＿＿＿＿＿。

A：＿＿＿＿＿＿＿＿＿＿＿＿＿＿＿＿＿＿＿＿＿＿＿＿＿＿。

⑦ Q：これから、何を　しますか。

A：家に　帰ります。

➡ Q：＿＿＿＿＿＿＿＿＿＿＿＿＿＿＿＿＿＿＿＿＿＿＿＿＿＿。

A：＿＿＿＿＿＿＿＿＿＿＿＿＿＿＿＿＿＿＿＿＿＿＿＿＿＿。

두 여학생의 대화를 듣고, りえ의 일기를 완성하세요.

りえの　日記

　9月　7日　日曜日

昨日は　午前中は　曇り＿＿＿＿＿＿が、午後からは＿＿＿＿＿＿＿＿＿＿＿＿＿。

とても　いい　天気＿＿＿＿＿＿から、＿＿＿＿＿と　映画を　見に＿＿＿＿＿。

映画は＿＿＿＿＿＿＿＿＿＿＿＿＿。

その　後、＿＿＿＿＿と　＿＿＿＿＿と　私の　三人で　ビールを＿＿＿＿＿。

とても　楽しかった。それで、明日の　試験の　ことを＿＿＿＿＿＿＿＿＿。

ここは　学校の　図書館だ。

今から、一生懸命＿＿＿＿＿＿＿＿＿＿＿。

New Words

- □ ごぜんちゅう(午前中)　오전중
- □ くもり(曇り)　흐림
- □ はれる(晴れる)　개이다
- □ でかける(出かける)　외출하다
- □ ようじ(用事)　볼일
- □ ゆうがた(夕方)　저녁
- □ ビヤガーデン　비어가든
- □ ごめん　미안해
- □ じょうだん(冗談)　농담
- □ いっしょうけんめい(一生懸命)　열심히

Power UP

다음 글을 보통체로 바꿔 보세요.

> 私は　子供の　時　アイスクリームが　好きでした。毎日　友達と
> 自転車に　乗ったり、テレビゲームを　したり　して　遊びました。明
> るくて、元気な　子供でした。高校生の　時は　同じ　クラスに　好き
> な　人が　いました。その　人は　スポーツが　上手で　かわいい　人
> でした。卒業してからは　一度も　会った　ことが　ありません。一
> 度　その　人に　会いたいです。

two

위의 글을 읽고 아래 질문에 답해 보세요. 답은 보통체로 해 보세요.

(1) 子供の　時、何が　好きでしたか。

　➡ ____

(2) 何を　して、遊びましたか。

　➡ ____

(3) 小学生の　時は　どんな　子供でしたか。

　➡ ____

(4) 学生の　時、同じ　クラスに　好きな　人が　いましたか。
　　どんな　人でしたか。

　➡ ____

다카라즈카 극단

일본의 예술 공연이라고 한다면, 노？가부키？교겐？？
물론 그렇습니다만, 이번에는 「다카라즈카」에 주목해 보죠.

다카라즈카(宝塚)란？

간단히 말하자면, 뮤지컬 극단입니다. 단, 다른 뮤지컬 극
단과 다른 점은 여성만으로 구성되어 있다는 점, 연극 이외
에도 노래, 댄스쇼가 있다는 점, 굉장히 화려하다는 점, 그
리고 극단에 들어가기 위해서는 다카라즈카 음악 학교라고
하는 학교를 졸업하지 않으면 안 된다는 점 등등. 어쨌든
다른 극단과는 전혀 다른 독자적인 스타일을 가지고 있죠.

다카라즈카 음악학교？？

다카라젠느(다카라즈카의 스타)의 제일 첫걸음은 이 학
교에 입학하는 일이죠. 정원은 약 50명. 시험과목은 노
래와 댄스 그리고 출중한 용모！ 시험자격은 중학교를 졸
업한 만15세부터 18세까지의 여성이어야 한다는 점.
그렇습니다！ 일본인이 아니어도 응시할 수 있어요. 경쟁
률은 20:1, 30:1 이어도 말이죠.
동쪽에 「도쿄대학」, 서쪽에 「다카라즈카」라는 말이 있을 정도
죠. 영광스럽게 합격한 학생들은 2년간
이 학교에서 노래, 댄스, 예의범절 등을
공부해서 꿈의 다카라젠느가 된답니다.

http://www.tms.ac.jp/

남성만의 가부키, **여성만의 다카라즈카**

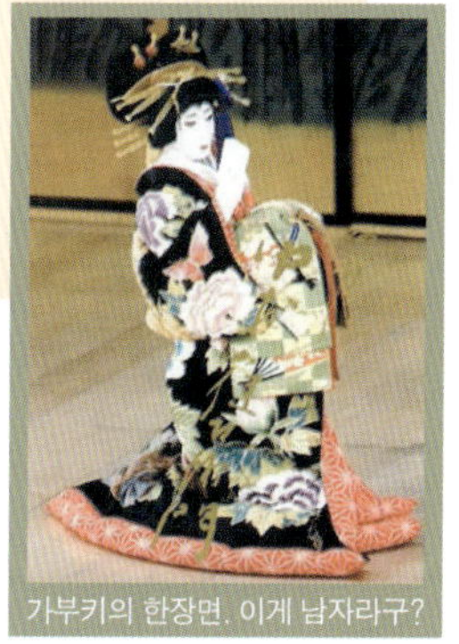
다카라즈카의 남성역
배우. 물론 여성!

여러분도 아시다시피 가부키는 온나가타(女形:여성역)라고 해서, 여성의 역할도 남성이 하고 있는데요, 다카라즈카는 그와 반대로 남성의 역할도 여성이 하고 있죠. 남성역 배우가 되느냐 여성역 배우가 되느냐는 키와 목소리로 정해진다나? 여자보다 더 예쁜 남자(가부키)와, 남자보다 더 멋진 여자(다카라즈카). 어느 쪽도 매력 만점이죠!

가부키의 한장면. 이게 남자라구?

다카라즈카의 거짓, 진실??!!

1. 결혼하면 극단을 그만두어야만 한다?

그렇습니다 '청순하게, 바르게, 아름답게'를 슬로건으로 내세운 다카라즈카는 결혼과 동시에 은퇴하지 않으면 안 되죠.

2. 선배? 후배?

예절을 중시하는 다카라즈카. 아무리 톱스타가 되었다고 해도, 선배는 절대적 존재. 연령이 아니라, '몇 기 입학인가'가 중요한 기준이랍니다.

3. 여름방학

다카라젠느의 실제연령과 이름은 비밀. 이건 소문으로 들은 얘기인데요, 다카라즈카 음악학교 2학년생의 여름방학 숙제는 자신의 예명을 생각해 오는 것이라고……

별, 눈, 꽃, 달, 하늘?

다카라즈카 연극단은 「별조」, 「눈조」, 「꽃조」, 「달조」, 「하늘조」와 한 가지 재주에 뛰어난 베테랑들로 구성된 「전과(專科)」의 총 6개 조로 나뉘어져 있어, 각각의 조가 교대로 공연을 합니다. 각 조에는 남성역의 톱스타와 톱여성역이 있어서, 이 두 사람을 중심으로 연기가 진행됩니다.

더 알고 싶으신 분은

다카라즈카에 대해서 더 알고 싶으신 분은 홈페이지를 찾아보세요.
http://kageki.hankyu.co.jp/

스터디테크연구소(Study Tech. Institute)

- **김희성**
  단국대학교 일어일문학과 졸업
  <전> (주)교학사 출판부 일본어 담당

- **박지현**
  일본 히로시마(広島)대학 대학원 졸업
  언어문화교육학 석사 (일본어교육학 전공)

- **여태엽**
  일본 동북(東北)대학 대학원 석사(일본어교육 / 제 2 언어습득 전공)
  <전> 일본 동북(東北)외국어 전문학교 전임강사
  <현> 일본어 공부기술연구소 수석연구원

- **황경자**
  한림대학교 강사

- **稲熊美保(いなぐま　みほ)**
  <전> 숙명여대 전임강사

- **田淵咲子(たぶち　さくこ)**
  상명대학교 전임강사

- **中原理沙(なかはら　りさ)**
  일본 시각칸(志學館)대학 졸업
  중국 창수(常熟)이공대학 외국어학부 일본어 전임강사

- **정병호**
  고려대학교 일문과 교수

초판인쇄	2005년 1월 5일
중판발행	2011년 4월 15일
중판 3쇄	2018년 3월 15일

저자	스터디테크연구소(Study Tech. Institute)
펴낸이	엄태상
책임 편집	정은영, 오은정, 조은형, 신명숙, 진현진
제작	조성근
마케팅	이상호, 이승욱, 오원택, 전한나, 왕성석
온라인 마케팅	김마선, 심유미, 유근혜
경영지원	마정인, 최윤진, 김예원, 양희운, 박효정

펴낸곳	(주)시사일본어사
주소	서울시 종로구 자하문로 300 시사빌딩
주문 및 교재 문의	1588-1582
팩스	(02)3671-0500
홈페이지	www.sisabooks.com
이메일	sisa_book@naver.com
등록일자	1977년 12월 24일
등록번호	제300 - 1977 - 31호

ISBN 978-89-402-4006-9 18730
　　　978-89-402-9058-3 18730 [set]